HERZLICHEN DANK

Liebe Frau Dr. Erika Krüger, danke für Ihr großes Interesse und Ihre Unterstützung, die Sie diesem Buch entgegengebracht haben.

Dr. Sabine Schellbach, TU Bergakademie Freiberg
Christel-Maria Höppner, TU Bergakademie Freiberg
Joachim Link

Es war ein recht langer Weg von der Idee bis zum fertigen Buch. Ohne die großzügige Unterstützung von Ihnen, liebe Frau Dr. Krüger, sowie der Mitwirkung von Christel-Maria Höppner und Dr. Uwe Richter wäre das Ziel wohl nicht zu erreichen gewesen. Dank auch an Dr. Sabine Schellbach, die für die Realisierung dieses Buches Wege geebnet hat.

Mein Dank gilt außerdem Dr. Heinrich Douffet, Prof. Dr. Werner Tilch, Dr. Ullrich Thiel und Jörg Schröder, die Texte beisteuerten. Ganz entscheidend war auch die fleißige und verständnisvolle Arbeit von Lutz Uhlig, der für Satz und Layout zuständig war. Allen Genannten und der Druckerei Graphische Werkstätten Zittau GmbH sage ich ganz herzlich danke.

Freiberg, Oktober 2015 Joachim Link

Joachim Link

Mehr im Bild(e)

Freiberg in Sachsen mit Panoramabildern

Co-Autoren: Christel-Maria Höppner, Dr. Uwe Richter

Edition Krüger-Stiftung

Zum Geleit

Herr Joachim Link, der Autor dieses Büchleins, ist leidenschaftlicher Freiberger und es ist sein persönliches Anliegen, den Menschen „sein“ Freiberg nahe zu bringen.

Als er mir sein Konzept vorlegte und mir einige der bereits entstandenen Fotografien zeigte, war ich begeistert von der Idee und sagte spontan meine Unterstützung für ihre Umsetzung zu. Entstanden ist ein kleiner Band mit wunderbaren Fotografien und Informationen über Freiberg und besonders über die Technische Universität Bergakademie Freiberg, die 2015 ihr 250jähriges Jubiläum feiert.

Ich selbst habe eine über die Jahre gewachsene enge Beziehung zur Bergakademie und der liebenswerten und beschaulichen Universitätsstadt Freiberg, die ich gerne und häufig besuche und so sehe ich in diesem Band einen Beitrag zum Jubiläumsjahr der Bergakademie.

Mögen sich viele Leser an diesem Büchlein und seinen schönen Bildern erfreuen.

Dr. Erika Krüger
Dr.-Erich-Krüger-Stiftung

Freiberg, Oktober 2015

Zum Titel „Mehr im Bild(e)"?

Über Freiberg in Sachsen wurde regional schon viel publiziert. Dieses Buch möchte mit seinen Panoramabildern und aktuellen Beschreibungen, die auf Textvorlagen und -beratung von kompetenten Personen beruhen, eine weitere Facette hinzufügen. Die meisten Bilder ahmen quasi die Augenbewegung des Betrachters nach, und es entsteht ein eher räumlicher Gesamteindruck. Städtebauliche Situationen können kompletter erfasst und abgebildet werden. Vor allem trifft das auf große Gebäude und Plätze, Straßenzüge, Straßenkreuzungen, Park- und Sportanlagen zu.

Erfolgt die Aufnahme in geringer Entfernung vom Motiv, können gerade Verläufe eine Krümmung erfahren. Diese Abweichung von der Realität wird dabei hingenommen, weil einfach „Mehr im Bild(e)" ist. Das kann beispielsweise hilfreich sein, wenn man Fotos mit früheren Aufnahmen vergleicht. Die Texte und Fotos auf den Doppelseiten werden oft durch Detailaufnahmen ergänzt. Sie sollen den Anreiz schaffen, sich umzusehen und das Besondere zu entdecken.

Die Autoren dieses Büchleins hoffen, dass es ihnen mit den Panoramabildern – unter ihnen eine Reihe selten fotografierter Motive und eine größere Anzahl von Objekten der TU Bergakademie – gelingt, beim Betrachter Eindrücke zu vermitteln, die weiteres Interesse für unsere Universitätsstadt wecken.

Diese Publikation der „Edition Krüger-Stiftung" ist gleichzeitig ein spezieller Beitrag zum 250. Gründungsjubiläum der TU Bergakademie Freiberg.

Freiberg, Oktober 2015 Joachim Link

FREIBERG...

am Fuße des Erzgebirges gelegen, ist Verwaltungs-, industrielles, wissenschaftliches und kulturelles Zentrum des Kreises Mittelsachsen. In der Stadt leben heute mehr als 41.000 Einwohner. Freibergs Geschichte ist eng mit den Silberfunden im 12. Jahrhundert und dem sich anschließenden Silberbergbau und Hüttenwesen verbunden. Noch heute besticht die Stadt mit seiner gut erhaltenen historischen Altstadt und der Vielzahl denkmalgeschützter Bauten. Sie führen sehr anschaulich die unterschiedlichen Baustile, beginnend bei der Romanik, über Gotik, Renaissance, Barock, Gründerzeitstil, Jugendstil, Historismus, Bauhausstil, Heimatstil bis zu modernen aktuellen Bauten aus Stahl und Glas vor Augen. Freiberg war ein wehrhafter Ort. Der Stadtgrundriss, den die Stadtmauer umschloss, ist noch vollständig erhalten. Die einstigen Befestigungsanlagen bilden heute einen grünen Gürtel um die Stadt und gehören mit weiteren Parkanlagen zu Freibergs Antlitz. Seinen Ruf als Stadt der Wissenschaft verdankt Freiberg vor allem der heutigen Technischen Universität Bergakademie Freiberg. Die Bildungsstätte, die im Jahr 2015 ihr 250jähriges Gründungsjubiläum feiert, strahlt auf das Territorium aus und zog weitere Forschungseinrichtungen, wie beispielsweise das Helmholtz-Institut für Ressourcentechnologie, in die Stadt. Freiberg ist zudem eine Stadt der Kultur und verfügt nicht nur über das älteste durchgängig bespielte städtische Theater der Welt, mit der ihm angeschlossenen Mittelsächsischen Philharmonie, sondern auch über vier Silbermannorgeln, darunter die 300jährige wohl bedeutendste originale Barockorgel weltweit im Freiberger Dom. Nicht zuletzt betätigen sich zahlreiche kreative Menschen, Zirkel, Bands und Vereine in der Stadt, die das geistig-kulturelle und sportliche Miteinander fördern. Schließlich ist Freiberg innovatives und Gründer-Zentrum für Betriebe der Hochtechnologie mit dem Hauptproduktionsstandort von SolarWorld AG sowie weiteren hoch spezialisierten Unternehmen und Einrichtungen aus dem Wirtschaftsspektrum.

Freiberg, Oktober 2015 Joachim Link

INHALT

Blick von der Petrikirche Richtung Südost

Vom Balkon der Petrikirche gleitet der Blick in südöstlicher Richtung am Hahnenturm vorbei auf die typisch steilen Satteldächer der Altstadt. In der linken Bildhälfte ist die Ostseite des Obermarktes mit Bürgerhaus, Ratsapotheke und Rathaus und dahinter die Dürerschule, die Nikolaikirche sowie der Donatsturm und der Turm der Jakobikirche zu erkennen. Am rechten Bildrand sehen wir den mächtigen Baukörper des Kornhauses mit dem Kalkturm. Im Hintergrund markieren Schornsteine das Gewerbegebiet Muldenhütten, Standort der ehemals bedeutendsten Hütte des Freiberger Bergbaureviers, wo sich ebenfalls noch bis 1953 die Freiberger Münze befand. Heute sind hier wichtige Industriebetriebe angesiedelt.

Blick über die Stadt Richtung Südwest

Ein zweiter Blick aus der Vogelperspektive auf unsere Stadt folgt in südwestliche Richtung. Wir erkennen die Straßenverläufe von Talstraße und Meißner Gasse und entdecken viele wichtige Bauten: Von links lugt eine Ecke und der Schatten der Dürerschule ins Bild. Es folgen Nikolaikirche, Petrikirche, Dom sowie Stadt- und Bergbaumuseum und dahinter das Schloss Freudenstein. Auch den Unterhof, das Franziskanerkloster, den Pestpfarrerturm und ein in die Stadtmauer eingefügtes Wohnhaus kann man finden. Wer möchte, entdeckt – vielleicht mit Hilfe eines Vergrößerungsglases – Wohngebiete, Schulen, einzelne Wohngebäude … aufspüren und am rechten Bildrand sogar über ein Riesenrad auf dem Messeplatz staunen.

BLICK IN DIE PETERSSTRASSE

Eine der beiden wichtigsten Geschäftsstraßen beginnt hier, wo man einst durch das Peterstor in die gut befestigte Stadt gelangte. Heute weist darauf die Postmeilensäule von 1723 hin – eine von fünf derartigen Säulen, die vor Freibergs Stadttoren standen. Im linken Eckhaus befand sich von 1874 bis 1952 die Amtshauptmannschaft und danach der Rat des Kreises (beides vergleichbar mit der Verwaltung des Altkreises Freiberg). Die historische Bedeutung des repräsentativen Gebäudes wird auch durch das sächsische Wappen am Eckbereich sichtbar.

Die Petersstraße führt bis zum Obermarkt. Links am Bildrand verläuft die Bundesstraße 101. Entgegengesetzt zur Blickrichtung befindet sich das 1844 errichtete Schwedendenkmal (Detailfoto). Es erinnert an die erfolgreiche Verteidigung der Stadt gegen die Schwedenbelagerungen im Dreißigjährigen Krieg (1618 - 1648). Der Entwurf für das Denkmal stammte von Johann Eduard Heuchler.

Schwedendenkmal

Wappen an der ehemaligen Amtshauptmannschaft

PETERSSTRASSE, VORDERER TEIL

An die ehemalige Amtshauptmannschaft schließt sich das spätgotische Haus Nr. 46 mit Sitznischenportal und Abendmahltafel von 1529 an. Der Text belegt, dass schon vor der Reformation (im Freiberger Ländchen 1537) im Bürgertum reformatorisches Gedankengut verbreitet war und man das Abendmahl in beiderlei Gestalt feierte. In der Straßenzeile folgen Gebäude aus der Renaissance, dem Barock (Gaststätte „Deutsches Haus“), der Spätgotik (Hilligerhaus mit dem Hilliger-Bär im Wappen), dem Historismus (mit Erker, Zwerchhaus und Turmaufbauten). Am Haus 20 a (Eckerker) engt sich die Petersstraße ein.

Auf der rechten Straßenseite gibt es ebenfalls interessante Gebäude. Sie wurden teilweise nach dem Quartiersbrand von 1728 errichtet. Das Haus Nr. 27 beherbergte das ehemalige Postamt (siehe sächsisches Landeswappen). Das spätgotische Kaufmannshaus Nr. 13 besitzt ein eindrucksvolles Sitznischenportal, profilierte Stabwerksfenstergewände und das originale steile Dach. Gegenüber fällt der Blick des Betrachters auf einen Brunnen mit schöner Mädchengestalt. Fortuna heißt sie und schüttet ihr Füllhorn aus. Der nach ihr benannte Brunnen wurde von Prof. Bernd Göbel, einem gebürtigen Freiberger, geschaffen. Man sollte stehen bleiben und staunen, welche berühmten Bürger unserer Stadt am Brunnenstamm zu entdecken sind.

SILBERMANN, ORGEL

FORTUNABRUNNEN

Petersstrasse, Bereich bis Obermarkt

Das Foto lenkt rechts den Blick auf die heutige Alte Mensa. Seit 1567 ist an diesem Standort eine Gaststättennutzung einschließlich Brauhaus nachgewiesen.

1653 trug hier eine Gaststätte die Bezeichnung „Zum halben Schwarzen Roß“, worauf eine Pferdeskulptur in der jetzt leeren Nische über dem Eingang hinwies. Mehrfach wurde das Gebäude um- und ausgebaut und schließlich 1800 im Stil des Spätbarock neu errichtet. Mit dem Haus sind viele Ereignisse und Nutzungen verbunden, 1873 erfolgte hier z.B. die Gründung der Ortsgruppe der SPD. Ab 1951 ist das Haus Klubhaus der Bergakademie. Nach einer Brandstiftung erfolgte 1994 eine größere Sanierung.

Heute finden hier vielfältige wissenschaftliche und kulturelle Veranstaltungen der TU Bergakademie Freiberg statt. An die Alte Mensa schließt sich der Neubau des AWG-Modekaufhauses an. Dieser wurde am Standort des ehemaligen Oberhofes, eines Freihofes, errichtet. Dessen teilweise erhaltenen spätgotischen Gewölbe in der Eingangshalle versetzen den Betrachter in die Zeit vor über 500 Jahren.

OBERHOF-GEWÖLBE

Nach 1920 befand sich hier Freibergs größtes Kaufhaus, das Kaufhaus „Zschocken“. Im Hintergrund des Bildes hervorspringend deutet sich der Eckerker des repräsentativen spätgotischen Gebäudes Korngasse 1 (Alnpeckhaus) an.

Petriplatz

Die Bebauung der Nordseite des Petriplatzes besteht aus Häusern aus der Spätgotik bis zum Barock. Hervorzuheben ist das 1990/91 rekonstruierte Bürgerhaus Petriplatz 7 mit seinem nachempfundenen Schmuckgiebel. In dem barocken 1705 erbauten heutigen Wohngebäude (gelbe Fassade) befand sich ursprünglich die Kirchner- und Glöcknerwohnung der Petrigemeinde. Der um die Petrikirche angelegte Platz war bis in die Zeit nach dem letzten Stadtbrand 1484 Kirchhof der am

Ende des 12. Jahrhunderts errichteten Kirche der Oberstadt. Das letzte Haus der abgebildeten Häuserzeile gehörte zur Petrigemeinde und wurde zeitweise von Predigern (Früh- und Vesperprediger) bewohnt. Links sind Gebäudeteile der Kirche sichtbar. Am rechten Bildrand ist das Eingangstor zum Hof der Häuser der Regionalzeitung „Freie Presse" erkennbar.

Petriturm, Giebel

Silbermannorgel in der Petrikirche

OBERMARKT, SÜD-WESTSEITE

Der Obermarkt ist der zentrale Platz der Stadt, der vielfältig genutzt wird. Hier finden Markttage und kulturelle Veranstaltungen statt, und vor Weihnachten zieht der Christmarkt viele Besucher an. Der Platz entstand mit der Anlegung der Oberstadt in den 80er Jahren des 12. Jahrhunderts. Heute gehört der Obermarkt mit seiner vorwiegend spätgotischen und renaissancezeitlichen Bebauung zu den städtebaulich und architektonisch bedeutendsten Bauensembles Deutschlands. In seiner Mitte steht das Brunnendenkmal mit der Bronzeplastik des Stadtgründers Markgraf Otto von Meißen, das 1897 von Georg Gröne aus Dresden geschaffen wurde.

Über den Dächern an der Westseite des Platzes sind zwei Türme der auf dem höchsten Punkt der Stadt stehenden Petrikirche sichtbar. Zwischen den Türmen zieht das Eckhaus Obermarkt 10 / Kirchgässchen 2 von 1542 die Blicke auf sich. Es ist das einzige Gebäude Freibergs im Stil der Görlitzer Renaissance.

OBERMARKT, BLICK VOM RATHAUS

Obermarkt mit Töpfermarkt

Bei diesem Blick über den zweimal jährlich stattfindenden Töpfermarkt auf die Ost- und Südseite des Obermarktes ist das Rathaus das dominierende Gebäude. Es wurde hauptsächlich zwischen 1470 und 1474 am Standort des Vorgängerbaus im Stil der Spätgotik errichtet.

Der untere Bereich des Rathausturmes stammt aus den 30er Jahren des 15. Jahrhunderts. Er wurde 1618 erhöht und mit einer neuen Turmhaube versehen. Hervorzuheben ist noch der 1578 angebaute Renaissance-Erker, hinter dem sich ursprünglich die Ratsstube (heute Ratssaal) befand. Vom Erker schaut ein Gaffkopf auf einen dunklen Stein im Pflaster des Marktspiegels. An dieser Stelle soll der Prinzenräuber Kunz von Kauffungen enthauptet worden sein. Die links an das Rathaus anschließenden ehemaligen Bürgerhäuser werden heute alle von der Stadtverwaltung mit genutzt.

In den letzten Jahren wurde der Marktspiegel saniert und in seiner ursprünglichen Gestaltung erhalten.

GAFFKOPF

OBERMARKT MIT BLICK AUF DAS RATHAUS

ERBISCHE STRASSE VORDERER TEIL

Man schaut in die Erbische Straße, die Hauptgeschäftsstraße in Süd-Nord-Richtung, die vom ehemaligen Erbischen Tor bis (gemeinsam mit der Burgstraße) zum Schloss Freudenstein führt.

Das obere Bild (der vordere Teil der Erbischen Straße) zeigt links das Gebäude der Gaststätte „Zum Goldenen Löwen“, wo Carl Maria von Weber vom September 1800 bis März 1801 wohnte und die Oper „Das stumme Waldmädchen“ komponierte. Das zweite Bild führt den anschließenden Abschnitt der Erbischen Straße vor Augen. An das links angeschnittene Eckhaus zur Fischerstraße schließt sich das Haus Erbische Straße 6, ein reich verziertes Jugendstilgebäude mit Erker an.

Ihm folgen weitere Wohn- und Geschäftshäuser. Auffällig ist im hinteren Teil des Bildes das Eckhaus zum Obermarkt mit dem hohen Volutengiebel. Es ist im Kern ein spätgotisches Gebäude, das um 1625 im Stil der Spätrenaissance von Jonas Schönlebe (Kurfürstlicher Zehnter, Bürgermeister, Stifter der Bergmannskanzel im Dom) errichtet wurde.

Dahinter ist der Altan des Rathauses (von 1672/73) und der Ersatzneubau der Fronfeste von 1912 erkennbar. Die Bürgerhäuser aus verschiedenen Jahrhunderten auf der rechten Seite laden ein, sie näher zu betrachten. Mit ihren Erkern, Inschriften, ihrer gesamten Gestaltungsvielfalt können sie unsere Blicke stets aufs Neue fesseln. Und das trifft auch für das markante historistische Eckhaus Kesselgasse 1a im Bildhintergrund zu.

ERBISCHE STR. 3

ERBISCHE STRASSE BIS ZUM RATHAUSGIEBEL

Blick auf den Rathausgiebel

Vom Standpunkt Erbische Straße dort, wo die Kesselgasse rechts abwärts führt, fällt der Blick am links angeschnittenen Schönlebehaus vorbei zum Obermarkt. Über den Häusern erheben sich der Hahnen- und der Petriturm der Petrikirche.

Die Mitte des Bildes bestimmt der Südgiebel des Rathauses, der 1857/58 im Stil der Neorenaissance (in Verbindung mit der starken Höhenreduzierung des spätgotischen steilen Satteldaches) umgebaut wurde. Der hinter dem Giebel stehende turmartige Anbau (Altan) ist ein schönes Beispiel für den Frühbarock.

Vor dem Rathausgiebel haben der Klatschweiberbrunnen des Freiberger Künstlers Gottfried Kohl und einige Gingkobäume ihren Platz gefunden. Die Rückseite des Rathauses besitzt Fenstergewände aus unterschiedlichen Bauepochen (Spätgotik, Barock und 20. Jahrhundert).

Am rechten Bildrand sind der Eckerker und Fenstergestaltungen am Historismusgebäude Kesselgasse 1a zu erkennen.

„Spitzentrio"

Deckenmalerei im Haus Obermarkt 1 (Schönlebehaus)

Weingasse, Richtung Obermarkt

Vom Standpunkt der Kreuzung Borngasse/Weingasse/Heubnerstraße führt der Blick durch die obere Weingasse in Richtung Obermarkt. Die Gebäude in diesem Bereich entstanden in der Zeit von der Renaissance bis zum Jugendstil. Interessant am linken Eckgebäude aus dem frühen 19. Jahrhundert ist die aufwändig gestaltete Ladenarchitektur. Zwei 1903 errichtete Gebäude schließen sich an.

Das linke weist vor allem historistische Elemente auf, und das rechts folgende Haus ist einer der bemerkenswertesten Jugendstilbauten Freibergs (Weingasse 8). Auf der rechten Seite steht an der Ecke zur Heubnerstraße ein Gebäude aus der zweiten Hälfte des 19. Jahrhunderts. Das sich auf der Weingasse anschließende Haus ist eines der wenigen heute noch giebelständigen Gebäude aus der Renaissance. Auf sein Alter weisen die profilierten Fenstergewände in den Obergeschossen hin. Möglicherweise befand sich in diesem Bauwerk das Weinhaus des Rates.

Das letzte Haus auf der linken Seite der Weingasse ist das sogenannte Humboldt-Haus. In dem nach der Mitte des 16. Jahrhunderts erbauten Bürgerhaus wohnte von Juni 1791 bis Februar 1792 Alexander von Humboldt bei Vizeberghauptmann Carl Friedrich Freiesleben. Humboldt absolvierte in dieser Zeit ein Zusatzstudium an der Bergakademie. Am Ende dieser Straße ragt rechts der prunkvolle Erker des Bürgerhauses Burgstraße 5 hervor, der dem Manierismus zuzuordnen ist.

JUGENDSTILDETAIL

Blick in die Burgstrasse

An der Rückseite des Rathauses entstand 1912 an Stelle der ehemaligen Fronfeste ein Erweiterungsbau, der zur Stadtverwaltung gehört. Dabei wurde das Renaissanceportal vom ehemaligen Haus Untermarkt 4 im Erdgeschoss eingebaut und davor 1913 eine Bergmannsplastik zur Erinnerung an die Einstellung des Freiberger Bergbaus aufgestellt. Ein kurzes Wegstück vom Standort des Fotografen in Richtung Schloss Freudenstein fällt links das viergeschossige barocke Bürgerhaus Burgstraße 1 (Stadthaus) auf.

In den Straßenraum der Burgstraße ragt an der Ecke zur Verbindung zum Obermarkt der sogenannte Schöne Erker des Spätrenaissancehauses Burgstraße 5 hervor. Das rechts mit dem Giebel zur Straße stehende Eckhaus (erkennbar am hohen roten Dach) ist das Humboldthaus.

Anna Selbdritt

Wappen am Portal vom Stadthaus

BURGSTRASSE, VORDERER TEIL

Auf dem Foto sind links drei etwa zeitgleich 1615 errichtete Bürgerhäuser, darunter zwei mit markanten Erkern, zu sehen. Die reich verzierten Fenstergewände im manieristischen Stil des angeschnittenen vorderen Gebäudes gehören zum Eckhaus Burgstraße 1.

Im Haus mit dem zweiten Erker, Burgstraße 9, lebte von 1797 bis 1799 der Dichter Novalis. Der Bergstudent Friedrich von Hardenberg war während dieser Zeit Gast des Berghauptmanns J. F. Wilhelm von Carpentier und Schüler von Abraham Gottlob Werner an der 1765 gegründeten Bergakademie.

Auf der rechten Seite befinden sich bedeutungsvolle Bürgerhäuser. Burgstraße 18 (ehemals Gerlachsche Buchdruckerei, gegründet 1550) beherbergt jetzt die Gaststätte „Stadtwirtschaft“.

LÖWENAPOTHEKE

Das mit blaugrauem Anstrich versehene 1780/81 errichtete Gebäude Burgstraße 20/22 ist das bedeutendste spätbarocke Haus Freibergs. Es weist in seinem Innern auch frühklassizistische Malereien auf. Interessant ist das Gebäude auch als ehemalige Fabrikationsstätte für Leonische Feindrähte der Firma „Thiele und Steinert“. Die Herstellung leonischer Waren begann bereits 1693 im Haus Obermarkt 17.

TAFEL AM HAUS BURGSTRASSE 9

BURGSTRASSE, HINTERER TEIL

In diesem unteren Teil der Burgstraße spiegelt sich besonders gut die architektonische Vielgestaltigkeit der Freiberger Altstadt wider.

Gebäude aus Spätgotik und Renaissance (Burgstraße 13; 19; 21; 18; 26; 34; 36), Barock (Burgstraße 15; 17; 30; 32) werden ergänzt durch Häuser aus dem 19. und 20. Jahrhundert. Baumpflanzungen und Straßencafés geben diesem Straßenabschnitt eine besondere Atmosphäre, zu der vor allem auch der Blick auf das Torhaus von Schloss Freudenstein am Ende des Bildes gehört. Das Haus mit der gerundeten Ecke auf der linken Seite wurde dem Vorgängerbau entsprechend neu aufgebaut und gehört zum Gebäudekomplex der TU Bergakademie, in dem ab Herbst 2015 die Fakultät für Wirtschaftswissenschaften ihr neues Domizil hat. Am Ende des Bildes schaut man auf das Torhaus von Schloss Freudenstein.

BURGSTRASSE 21

SCHLOSSPLATZ

Der 2011 nach Neugestaltung fertiggestellte Schlossplatz wird beherrscht durch das Schloss Freudenstein. Ursprünglich befand sich hier die erste Freiberger Burg, die von Markgraf Otto (Otto der Reiche) um 1175 zum Schutz der kurz vorher entdeckten Silbererze angelegt wurde. An gleicher Stelle errichtete Kurfürst August 1566/77 ein Renaissanceschloss. Im Siebenjährigen Krieg verwüstet, diente es 1784 bis 1805 als Militär- und Bergmagazin und später als Getreidespeicher.

Vielfältige Bemühungen ab 1973 zur Umgestaltung für eine kulturelle Nutzung führten erst nach der politischen Wende zum Erfolg. Heute beherbergt das Schloss nach aufwändiger Sanierung die „terra mineralia“, eine Mineraliensammlung der TU Bergakademie mit Weltgeltung, und den über

Jahrhunderte angesammelten Fundus des sächsischen Bergbaus, das Sächsische Bergarchiv, das zuvor seinen Sitz im Oberbergamt in der Kirchgasse hatte. Links im Bild blickt man auf das spätgotische ehemalige Frei- und spätere Amtshaus Schlossplatz 3. In diesem heutigen „Krügerhaus“ wird nach umfangreicher Instandsetzung und Restaurierung seit Oktober 2012 die Ausstellung deutscher Minerale präsentiert. Im vorderen Bereich des Schlossplatzes (von der Burgstraße kommend) findet man ein Bronzerelief der Stadt Freiberg, an dem man sich gut orientieren kann. Im rechten Teil des Bildes sieht man das 2012 fertiggestellte Gebäude Silbermannstraße 2, in dem sich das Institut für Wissenschafts- und Technikgeschichte der TU Bergakademie Freiberg befindet. Rechts angeschnitten ist ein Teil des Silbermannhaus.

SCHLOSSHOF

Beim Blick in den neu gestalteten Schlosshof schaut man auf die beiden zweigeschossigen „Schmalen Häuser“ mit dem zwischen ihnen befindlichen Rundturm und auf das Langhaus im rechten Bildbereich. Während die schmalen Häuser noch weitgehend ihre Renaissance-Architektur erhalten haben, ist das Langhaus mit seinen kleinen Speicherfenstern vor allem vom Umbau zum Magazin gekennzeichnet. Der Bodenbelag der Hoffläche weist stilisiert auf Mineralformen hin. Damit wird ein Bezug zur „terra mineralia“ hergestellt, die im Langhaus ihr Domizil hat.

EINGANGSBEREICH ZUR „TERRA MINERALIA" UND ZUM BERGARCHIV

Farbenfroh präsentiert sich im Inneren der Eingangsbereich zur Mineraliensammlung und zum Bergarchiv. Die Besucher der „terra mineralia" begeben sich bei ihrem Rundgang auf eine mineralogische Weltreise. Über 3.500 farbenprächtige Stufen sind in den vier Kontinentsälen Afrika, Asien, Europa und Amerika zu bewundern. Einen Höhenpunkt bildet die Schatzkammer, die in einem Renaissancegewölbe die schönsten und größten Mineralstufen zeigt. Seit der Eröffnung im Oktober 2008 zieht die Ausstellung Gäste aus aller Welt an.

BLICK VON DEN RINGANLAGEN ZUM SCHLOSSPLATZ

Der Betrachter befindet sich hier in den Ringanlagen mit Blick auf den Standort des einstigen Kreuztores. Erwähnt erstmalig 1201 als Roßweiner Tor, war das Stadttor benannt nach der Kreuzkapelle, die links außerhalb des Bildes westlich der Kreuzteiche gelegen war. 1816 reduziert auf einen klassizistisch gestalteten Torbogen fiel das Kreuztor endgültig der hier ab 1846 erfolgten gärtnerischen Gestaltung der Stadtbefestigung zum Opfer. Innerhalb des links sichtbaren Koniferengesträuchs steht der 1850 nach hier verlegte Kreuzbrunnen, damals zugehörig zu einer Trinkwasserzuleitung. Die im Vordergrund befindlichen wandartigen Denkmale erinnern seit 2012 an Ferdinand Reich und Hieronimus Richter, die Entdecker des Elements Indium. Das im Bildzentrum stehende heutige Krügerhaus wurde 1515 an der Stadtmauer als Freihaus errichtet. Saniert durch die Krügerstiftung der TU Bergakademie dient es seit 2010 als Ausstellungsgebäude für in Deutschland gefundene prachtvolle Mineralien. Die vor dem Krügerhaus erkennbare Bruchsteinmauer findet rechts ihre Fortsetzung in dem Sandsteindenkmal für die Revolution 1848/49. Der im Hintergrund befindliche Gebäudekomplex ist das als Renaissancebau im Bereich der ursprünglichen Burg errichtete Schloss Freudenstein.

Silbermanntafel

Auf beiden Bildern ist das Gebäude Schlossplatz 6, das Silbermannhaus, erkennbar. Errichtet 1601 und genutzt als Regimentshaus, das die Reiterwache und den Stab der Freiberger Garnison beherbergte, erfuhr der Bau 1830 eine einem Neubau gleichende Sanierung. 1711 bis 1757 befand sich in dem damals städtischen Gebäude die Werkstatt und Wohnung des Orgelbauers Gottfried Silbermann, zuletzt bis 1785 die von Gottfried Oehme, einem Schüler Silbermanns.

Blick über das Denkmal für die Entdecker des Elements Indium

Ecke Wallstrasse/Nonnengasse

Die Freiberger Ringanlagen nehmen den Bereich der 1233 ersterwähnten, heute nur noch in Teilen erhaltenen, Stadtbefestigung ein. Ihre Gestaltung als öffentliche Promenade erfolgte ab 1842.

Der Betrachter befindet sich über dem zugeschütteten Stadtgraben, links von der ursprünglich zehn Meter hohen Stadtmauer mit Türmen – hier stand der Obermönch- oder Naumannsturm. Die Umzäunung rechts bildet die Umgrenzung zum Mittleren Kreuzteich, zugehörig zu einer 1643 zehn Teiche umfassenden und vom Saubach gespeisten Anlage, die seit dem 14. Jahrhundert genannt wird.

Das im Mittelteil sichtbare Denkmal für Clemens Winkler, dem Entdecker des Elements Germanium, fand 1991 seine wieder vervollständigte Neuaufstellung. Errichtet 1910 am Schlossplatz, wurde es hier in Verbindung mit dem neuen Revolutionsdenkmal 1949 entfernt und reduziert unweit des Gymnasiums in den Ringanlagen aufgestellt. Am jetzigen Standort ist über dem Denkmal der obere Teil des Petriturmes erkennbar.

Die links der Grünanlagen verlaufende Wallstraße befand sich innerhalb der Stadtmauer und trug noch 1862 die Bezeichnung „An der Mauer“. Das imposante Eck-Jugendstilgebäude wurde 1908 als Korpshaus „Teutonia“ errichtet. Es wird heute durch die staatliche Bauverwaltung genutzt.

Die Gebäude links davon gehören zum Gelände des 1243 ersterwähnten und durch die Reformation Mitte des 16. Jahrhunderts abgebrochenen Dominikaner- oder Oberklosters. Hier lag auch das Haus der Begräbnis- oder Polternonnen (Beginen) als eine geistliche Einrichtung zur Betreuung der Toten. Nach ihnen trägt die Nonnengasse ihren Namen.

Winklerdenkmal

Hauptgebäude der TU Bergakademie

Am 21. November 1765 unterzeichnete Prinzregent Xaver von Sachsen das Gründungsreskript für die Bergakademie Freiberg, der ältesten montanwissenschaftlichen Hochschule der Welt. 250 Jahre später – am 21. November 2015 – feiert die TU Bergakademie Freiberg dieses Jubiläum mit einem Festakt und einer Großen Bergparade.

Das Festjahr wird zudem von zahlreichen wissenschaftlichen und kulturellen Veranstaltungen, Konzerten sowie attraktiven Ausstellungen begleitet. Das einstige Oppelsche Haus gilt als ältestes Gebäude der Bergakademie, dessen Baugeschichte reicht bis in das 16. Jahrhundert zurück. Nach mehreren Umbauten erwarb es 1756 der Berghauptmann und Mitbegründer der Bergakademie Friedrich Wilhelm von Oppel. Er mietete einige Räume im Erdgeschoss an, die dann 1766 von den ersten Studenten als Hörsaal, Bibliothek und Mineraliensammlung sowie als Instrumentenzimmer genutzt wurden.

1792 ließ der Landesherr den aus drei Baukörpern bestehenden Gebäudekomplex von den Erben Oppels für die Bergakademie ankaufen. Hier wohnte und residierte dann im Obergeschoss auch der Akademieinspektor Abraham Gottlob Werner. Nach einem kompletten Umbau im Stil des 19. Jahrhunderts blieben zumindest das linke Portal aus Sandstein, das sächsische Wappen sowie das mit dem liegenden Zwerg unterlegte Kurwappen erhalten.

Heute befindet sich hier der Sitz der zentralen Universitätsverwaltung der TU Bergakademie Freiberg. Im Jahr 2005 wurde der Universitäts-Gebäudekomplex Akademiestraße/Nonnengasse und Prüferstraße nach denkmalpflegerischen Gesichtspunkten umfassend modernisiert und saniert. Neben den Arbeitszimmern für die Mitarbeiter gibt es ein geräumiges Foyer und im ersten Obergeschoss mit der Aula, dem einstigen Tafelzimmer Werners, sowie dem repräsentativen Senatssaal mit seiner Empore attraktive Begegnungsstätten und Veranstaltungsräume. Der historische Fahnenhalter schmückt noch heute das Portal der Akademiestraße 6.

FAHNENHALTER

Hauptgebäude der TU Bergakademie, Oberer Innenhof

Die Innenhöfe im historischen Gebäudekomplex zwischen Akademiestraße, Nonnengasse und Prüferstraße erhielten bei der Sanierung 2005 durch Grünflächen und Bänke ein ansprechendes Gesicht. Der obere und untere Hof sind durch eine Freitreppe miteinander verbunden. Mit der Umgestaltung des Innenbereiches gelang den Architekten eine attraktive Lösung, bei der die Belange des Denkmalschutzes mit den Anforderungen einer zeitgemäßen Hochschulverwaltung verbunden wurden.

Im oberen Innenhof ist links der Glasanbau mit Aufzuganlage zu erkennen, der ins Hauptfoyer führt. Im Gebäude rechts, das heute die Mathematiker nutzen, befand sich einst das ehemalige Metallurgische Laboratorium. Dieser Mittelbau ist durch einen zweistöckigen verglasten Übergang mit dem Hauptgebäude Akademiestraße verbunden. Im Gebäudekomplex des unteren Innenhofes befindet sich im Erdgeschoss und in den Kellerräumen das Archiv der TU Bergakademie Freiberg. Im Gebäudeteil neben dem Aufzug und im angrenzenden Flachbau ist das Medienzentrum untergebracht. Die Sandsteintafel am Hof der Akademiestraße erinnert an das von Wilhelm August Lampadius, Professor für Chemie und Hüttenkunde, 1796/97 errichtete Laboratorium.

Hauptgebäude der TU Bergakademie, unterer Innenhof

KARL-KEGEL-BAU, TU BERGAKADEMIE

Der Karl-Kegel-Bau, das architektonisch auffällige Gebäude an der Ecke Leipziger Straße und Agricolastraße, gilt von der Innenstadt kommend als Tor zum heutigen Campus der TU Bergakademie Freiberg und ist ein beliebtes Fotomotiv.

1924 wurde das Bauwerk als Staatliches Braunkohlenforschungsinstitut an der Bergakademie eingeweiht. Das Eckgebäude, dessen winklige, unterschiedlich große Gebäudeflügel durch einen Halbrundbau verbunden sind, besitzt mit den großen Bullaugenfenstern unter der Traufe eine architektonische

Besonderheit. Die Fensterform prägt auch den Hörsaal (Foto unten), der sich hinter der Fassade im oberen Geschoss befindet. Zum Direktor des damaligen Instituts berief man Karl Kegel, der in Personalunion die Braunkohlenforschung und -lehre leitete. In Würdigung seiner Verdienste erhielt der Gebäudekomplex 1953 den Namen „Karl-Kegel-Bau“ verliehen.

Das Gebäude wird seitdem als erster Bau der „neuen Hochschulstadt“ geführt, die nach dem 2. Weltkrieg in den 1950er Jahren entlang der Leipziger Straße entstanden ist. Der moderne Flachbau, hinter den Bäumen rechts von der Agricolastraße beherbergt die Universitätsbibliothek „Georgius Agricola“.

KEGELS GRABSTEIN

Eisenhütteninstitut Ledebur-Bau und Rammler-Bau, Campus der TU Bergakademie

Der Ledebur-Bau an der Leipziger Straße wurde bereits 1927/30 als Neubau des Eisenhütten-Instituts errichtet. Das Gebäude ist heute mit seiner klar gegliederten weißen Putzfassade ein Blickfang. 1956 bekam das Institut einen Anbau mit Laboratorien und einem Hörsaal und trägt seitdem den Namen von Adolf Ledebur, Professor für Eisenhüttenkunde und Salinenwesen, der von 1899 bis 1901 erster Rektor der Bergakademie war. Zum Komplex gehört noch die dahinter liegende Lauchhammer-Halle mit einer Hochfrequenz-Ofenanlage, verschiedenen Hämmern und gießereitechnischen Anlagen zur Forschung und Lehre. Die Bezeichnung entstand durch die langjährigen engen Verbindungen der Freiberger Wissenschaftler mit den Lauchhammerwerken. Hinter der Kreuzung Lampadiusstraße schließt sich rechts der Rammler-Bau an und vervollkommnet mit dem Karl-Kegel-Bau die Campus-Achse Richtung Stadtzentrum.

Der Rammler-Bau wurde 1958 als modernes Institutsgebäude eingeweiht, das nach dem Willen der Planer „noch für 100 Jahre Zentrum der Lehre und Forschung in der Brikettierung der Braunkohle“ sein sollte. Das dreigeschossige Gebäude mit L-förmigem Grundriss besitzt einen markanten Eingangsbereich. Er hebt sich mit seinen über die gesamte Bauwerkshöhe säulenartig hervortretenden Werkstein-Lisenen von den übrigen Gebäudeteilen ab. Und auch das Treppenhaus zeigt sich mit freitragender breiter Wendeltreppe und einem geätzten Glasfenster mit Motiven montanistischer Forschung architektonisch anspruchsvoll. Das Eingangsportal trägt den plastisch hervorgehobenen Namen „Erich-Rammler-Bau“ – benannt nach dem früheren Institutsdirektor. Als dessen herausragendes Forschungsergebnis gilt bis heute die Entwicklung des hüttenfähigen Braunkohlenhochtemperaturkokses (BHT-Koks) im Jahre 1950/51.

LAMPADIUSSTRASSE, CAMPUS DER TU BERGAKADEMIE

Der Weisbach-Bau (Bildmitte) eingangs der Lampadiusstraße entstand 1949 in der neuen „Hochschulstadt“, die sich längs der Leipziger Straße erstreckt. Das aus zwei Gebäudekomplexen bestehende Ensemble ist typisch für die Architektur der Bergakademiegebäude in den 50er und 60er Jahren des vergangenen Jahrhunderts.

Die Schlichtheit der Bauten, der Materialeinsatz und ihre Funktionalität verkörpern ein Stück Freiberger Baugeschichte und -tradition. In der Putzfassade des linken Gebäudeflügels sind der Namenszug „Julius-Weisbach-Bau“ und ein Wappen mit den stilisierten Symbolen des Bergbaus – Schlägel und Eisen – eingelassen.

Im dahinter liegenden Gebäudetrakt fällt das Eckportal ins Auge. Beide Ensembleteile sind durch ein großzügiges Foyer und einen Hörsaaltrakt verbunden. Vorn am linken Bildrand ist die Lauchhammerhalle zu sehen.

Die Sandsteinstele mit der Kupferplakette (rechts) des 1836 zum Professor ernannten Wissenschaftlers Julius Ludwig Weisbach steht vor dem Hörsaaltrakt. Weisbach unterrichtete Angewandte Mathematik, Bergmaschinenlehre, Allgemeine Markscheidekunst, Allgemeine Mechanik sowie Maschinenbaukunst.

Das moderne Gebäude unten ist das 2011 eingeweihte Zentrum für Verfahrens- und Maschinenentwicklung in der Lampadiusstraße. Die Böden und Decken des Technikums besitzen eine besonders hohe Belastbarkeit, da hier Apparate und Maschinen zum Einsatz kommen, die beträchtliche Maße und Gewichte aufweisen. Die modernen Ausrüstungen nutzen vor allem Wissenschaftler und Studenten der Fachrichtung Maschinenbau und Verfahrenstechnik.

Gellertbau, Campus der TU Bergakademie

Das langgestreckte Gebäude rechts trägt den Namen des Oberhüttenverwalters und ersten Lehrers der Bergakademie für Metallurgische Chemie, Christlieb Ehregott Gellert. Es entstand neben dem 1940 übergebenen Alten Ofenhaus des ehemaligen Instituts für Metallhüttenkunde.

Der Gellert-Bau gehört ebenfalls zu den ersten Hochschulgebäuden, die zu Beginn der 1950er Jahre im Zuge des Ausbaus der Bergakademie entlang der Leipziger Straße neu entstanden sind. Mit der äußerlich schlichten Architektur sollte nach Entwurfsleiter Baer die „Bedeutung und Würde des

Gebäudes“ hervorgehoben werden. Kunstvolle Details wie ansehenswerte lichte Treppenaufgänge findet man im Innern des Gebäudes. Hier haben heute die Physikalischen Institute ihre Lehr- und Forschungsräume.

Zum Gebäudekomplex gehört außerdem noch das Neue Ofenhaus, das 1956 gemeinsam mit dem Neubau auf der dahinter liegenden Hofseite eingeweiht wurde.

Gellertbau, Foyer

Altes Ofenhaus

Clemens-Winkler-Neubau, Campus der TU Bergakademie

Das neue Laborgebäude der Fakultät für Chemie und Physik an der Leipziger Straße zieht seit seiner Eröffnung im Jahr 2014 viele Blicke auf sich. Die weiße Außenhaut des modernen Stahlbetonbaus besteht aus einer Fassade aus glasfaserbewehrten Betonfertigteilen.

Die vorstehenden dunklen Stahlrahmen der Kastenfenster machen neugierig auf das Innere, wo sich den jeweiligen Besonderheiten der Fachgebiete angepasste Lager-, Labor- und Praktikumsräume mit hochwertiger Technik für Lehre und Forschung befinden.

Im Erdgeschoss gibt es neben dem attraktiven Foyer Räume für die Technische Chemie und Labore für die Kernspinresonanzspektroskopie. Im Geschoss darüber sind Labore der physikalischen, anorganischen und organischen Chemie angeordnet. Durch drei Oberlichte und Glaswände flutet Tageslicht in alle Etagen.

Der Neubau ist durch einen schmalen, gläsernen Gang mit dem im Jahr 1954 errichteten Clemens-Winkler-Bau verbunden, einem der prägenden Leitbauten auf dem Campus. Dort befindet sich auch der Haupteingang für den Gebäudekomplex.

Das große Wandrelief stellt die Struktur einer quasiperiodischen Ordnung von Kristallen dar und ist im Foyer des neuen Winkler-Baus zu bewundern. Das Werk des Dresdner Künstlers Andreas Schildhauer besteht aus farbigen Porzellantafeln, die in der Freiberger Porzellanmanufaktur gefertigt wurden.

WANDRELIEF, FOYER

HOCHSCHULBIBLIOTHEK/MENSA, TU BERGAKADEMIE

Die neue Mensa am Hornmühlenweg und die vis-à-vis liegende Bibliothek inmitten des Campus sind nicht nur zur Mittagszeit ein gern besuchter Treffpunkt für Studenten und Mitarbeiter. 1999 wurde die Mensa in unmittelbarer Nähe des Wohnheim-Zwillingsbaus nach 23 Jahren saniert.

Heute versorgt die Mensa nicht nur die Angehörigen der Universität von Montag bis Freitag mit fünf verschiedenen Wahl-Mittagessen, sondern stellt ihre Räumlichkeiten an Abenden oder Wochenenden auch für Veranstaltungen zur Verfügung. Besonders beliebt – vor allem in der warmen Jahreszeit – ist der Besuch der Cafeteria. Sie ergänzt das Mittagsangebot mit Snacks, kleinen Zwischenmahlzeiten, Kaffeespezialitäten und zahlreichen Getränken.

Im Sommer ist ein Platz am oder unter dem Sonnensegel sehr begehrt. Die Universitätsbibliothek „Georgius Agricola“ (links) befindet sich seit 1980 in dem Gebäude auf dem Campus. Bevor der damalige Neubau begann, galt es zahlreiche Schwierigkeiten aus dem Weg zu räumen. Schließlich kamen findige Köpfe auf die Idee, den Baukörper der gerade errichteten neuen Mensa so modifizieren zu lassen, dass er sich als Bibliothek eignet. Die Machbarkeitsstudie erarbeiteten Studenten der Hochschule für Architektur und Bauwesen Weimar.

FASSADENDETAIL

Nun ist die Bibliothek in die Jahre und somit an ihre technischen und Kapazitätsgrenzen gestoßen. Darauf aufmerksam macht seit Oktober 2012 die bunte Bibliotheksfassade, die der Leipziger Künstler Michael Fischer-Art gestaltete. Das Kunstwerk, gesponsert von Firmen und Privatpersonen, findet mit der in die Wandmalerei eingearbeiteten Botschaft „Neubau der Unibibliothek jetzt“ großen Anklang bei Studenten und Mitarbeitern. Eine neue, moderne und leistungsfähige Hochschulbibliothek ist nun im Gespräch.

WINKLERSTRASSE, CAMPUS DER TU BERGAKADEMIE

Die Winklerstraße führt als eine der wichtigen Verbindungsadern durch den Campus der TU Bergakademie. Um ihren Ausbau gab es im Vorfeld umfangreiche Diskussionen zwischen der Stadt und der Universität. Sie favorisierte in ihrem 2006 vorgestellten Campus-Konzept eine Variante mit einem verkehrsberuhigten Bereich, der aber gleichzeitig den öffentlichen Personennahverkehr ermöglichen sollte.

Schließlich einigten sich beide Seiten auf einen Kompromiss. Im November 2008 wurde die Winklerstraße zwischen Meißner Ring und Agricolastraße nach siebenmonatigem Ausbau freigegeben. Auf der acht Meter breiten Straße gibt es nun eine 4,50 Meter breiten Fahrspur und davon abgetrennt ein 3,50 Meter breites Areal mit Gehweg und Grünflächen. Eine Buslinie führt durch den verkehrsberuhigten Bereich, in dem alle Fahrzeuge nur Schrittgeschwindigkeit fahren dürfen. Parken ist nur an dafür gekennzeichneten Stellen zulässig.

Max-Kade-Haus

Links und rechts der Winklerstraße befinden sich Studentenwohnheime, die in den vergangenen Jahren saniert wurden, und auch das Lehrgebäude mit dem Audimax. Im Hörsaal finden rund 500 Studenten Platz. Neben den Vorlesungen gibt es hier auch Konzerte und andere Veranstaltungen. Das größte Wohnheim, der Zwillingsbau Agricolastraße 14/16 (links) wurde 1973 mit einem Typenprojekt aus dem DDR-Wohnungsbauprogramm errichtet. 1.422 Studenten bekamen dadurch Wohnraum und freuten sich über die guten Lebens- und Studienbedingungen. Im September 2003 übergab das Studentenwerk Freiberg den modernisierten Wohnheimkomplex an nunmehr rund 500 Nutzer.

Das Studentenwohnheim Winklerstraße 12 trägt den Namen „Max-Kade-Haus". Nach Umbau und Sanierung erfolgte im Oktober 2006 die feierliche Eröffnung. In dieser Begegnungsstätte des Studentenwerks Freiberg treffen sich seitdem amerikanische und deutsche Studenten und Wissenschaftler, aber auch zahlreiche internationale Gäste zum Dialog. Namensgeber Max Kade, 1882 in Steinbach bei Schwäbisch Hall geboren, gründete als erfolgreicher Unternehmer in den USA die Max-Kade-Foundation New York. Sie fördert die Verständigung zwischen amerikanischen und deutschen Studenten.

Mineralogisches Institut, TU Bergakademie

Die feierliche Übergabe des neuen Mineralogisch-Geologischen Institutes in der Brennhausgasse fand am 29. Juli 1916 im Beisein des sächsischen Königs und zahlreicher hoher sächsischer Beamter statt. Das Gebäude gehört zu den modernsten Zweckbauten der damaligen Zeit und ist der erste „Eisenbetonbau“ Sachsens. Von Anfang an war für das 2. Stockwerk im Haus die Unterbringung der umfangreichen Sammlungen konzipiert. Exponate der Mineralogischen Sammlung sind noch heute in den historischen Vitrinen zu besichtigen.

Das inzwischen als Mineralogisches Institut geführte Gebäude erhielt 1961 den ehrenvollen Namen Abraham-Gottlob-Werner-Bau. Werner gilt als Begründer der wissenschaftlichen Mineralogie und

Geologie (bei ihm: Geognosie). Blick in das Foyer der weltberühmten Mineralogischen Sammlungen im Werner-Bau (unten). Das wertvolle neoromanische Rundbogenportal mit fossilem Pflanzen- und Blattwerk, mit Gewänden und Säulen wurde nach der Idee Bernhard von Cottas und einer Zeichnung von Eduard Heuchler, beide Professoren der Bergakademie, aus der Mitte des 19. Jahrhunderts gefertigt. Unter dem Tympanon, auf dem Adam und Eva dargestellt sind, gelangen die Besucher durch das sogenannte Cotta-Portal in den großen Ausstellungssaal.

EINGANG ZU DEN MINERALOGISCHEN SAMMLUNGEN

LEHR- UND FORSCHUNGSBERGWERK REICHE ZECHE, TU BERGAKADEMIE

Am Standort „Reiche Zeche“ nutzt die TU Bergakademie Freiberg heute als einzige deutsche Universität ein eigenes Bergwerk für Lehre und Forschung. Rund 14 Kilometer gesicherte horizontale Grubenbaue auf mehreren Sohlen bis 230 Meter Tiefe stehen zur Verfügung und dokumentieren Entwicklungsetappen des Freiberger Bergbaus über mehr als 600 Jahre bis zur Stilllegung des Abbaus 1969. Hauptnutzer des Lehrbergwerks sind die Studenten der Geowissenschaften. Doch auch umfangreiche Forschungsvorhaben anderer Wissenschaftler werden bearbeitet. Denn die Lehrgrube eignet sich durch die konstanten klimatischen Bedingungen besonders als Untertagelabor für praxisbezogene Problemstellungen. Die Übertage-Anlagen mit Dampffördermaschine, Hängebankeinrichtung und Bergschmiede können jederzeit besichtigt werden. Das Lehr- und Forschungsbergwerk arbeitet eng mit dem Förderverein „Himmelfahrt-Fundgrube e.V." zusammen, der für Besucher Führungen unter und über Tage anbietet.

Neben dem Eingangsbereich, der ehemaligen Kaue, schließen sich links das Fördermaschinenhaus mit dem Fördergerüst und der Karl-Neubert-Bau an, seit 2005 Sitz des Instituts für Markscheidewesen und Geodäsie.

Hinter dem denkmalgeschützten Gebäudeensemble betreibt das Institut für Energieverfahrenstechnik und Chemieingenieurwesen mehrere hochmoderne Industrieanlagen (unten) zu Forschung und Lehre. Den Wissenschaftlern und Studenten stehen dabei vielfältige Ausrüstungen, laboranalytische Einrichtungen und Technikumsanlagen bis hin zu Versuchsanlagen im Pilotmaßstab zur Verfügung.

JUBILÄUMSNACHT DER WISSENSCHAFT, TU BERGAKADEMIE

Tradition trifft Zukunft. Mit sechs Wissenschaftsmeilen lockte die TU Bergakademie Freiberg anlässlich ihres 250. Geburtstages zur Jubiläumsnacht der Wissenschaft und Wirtschaft am 20. Juni 2015 ins Stadtzentrum.

Viele Familien, Einwohner und Besucher der Stadt nahmen das Angebot von Wissenschaftlern, Mitarbeitern und Studenten an, die ihre Forschungen an über 100 Ständen auf dem Schlossplatz und in den Universitätsgebäuden Akademiestraße, Nonnengasse und Prüferstraße präsentierten.

Dabei konnten die Gäste erleben, wie unterhaltsam, überraschend und faszinierend Mathematik und Informatik, Chemie, Physik, Biologie, die Geo- und Ingenieurwissenschaften oder Wirtschaftswissenschaft sein können. Ab 18 Uhr gab es Vorträge, Führungen, eine Kindervorlesung, zahlreiche Experimente zum Mitmachen sowie Quizangebote.

Eine faszinierende Multimedia-Show tauchte den gesamten Schlossplatz kurz vor Mitternacht in Farben und Bilder. Dabei erlebte ein Musikvideo seine Premiere, das Geschichte und Geschichten der Bergakademie kreativ in Szene setzte. Dazu erklang live eine moderne Version des Jubiläumssongs „Wir sind die Bergakademie“.

CHEMIE-EXPERIMENT

An der klügsten Freiberger Nacht beteiligten sich auch die Universitätsstadt Freiberg, das Geschwister-Scholl-Gymnasium und die regionale Wirtschaft am Standort Gewerbegebiet Halsbrücker Straße.

KRÜGERHAUS UND SCHLOSS FREUDENSTEIN

Das Krügerhaus, unmittelbar neben Schloss Freudenstein gelegen, erstrahlt nicht nur bei Nacht in außergewöhnlichem Glanz. In seinen Räumen funkeln und leuchten seit Eröffnung 2011 deutsche Minerale aus der Pohl-Ströher-Mineralienstiftung und der Stiftung Mineralogische Sammlungen Deutschlands der TU Bergakademie.

Das ehemalige Freihaus am Schloßplatz 3 besitzt stadt- und landesgeschichtliche Bedeutung. Sie reicht bis in die Zeit von Herzog Heinrich dem Frommen um 1510 zurück. Sein Hofmeister, Rudolf von Bünau, erwarb um 1510 das Grundstück. Später war das Gebäude über 150 Jahre im Besitz der

Familie von Schönberg, im 17. Jahrhundert ging es an die Wettiner. Bis in die 1990er Jahre nutzte man es als Dienst- und Wohnhaus. Der 2007 verstorbene Stifter und Ehrensenator der Universität, Peter Krüger, kaufte 2004 das total heruntergekommene Haus.

Seine Frau, Erika Krüger, begleitet dann als Eigentümerin ab 2007 die behutsame und detailgetreue Sanierung. Sie erfolgt mit Hilfe von Fördermitteln des Freistaates Sachsen, der Stadt Freiberg und der Dr.-Erich-Krüger-Stiftung der TU Bergakademie Freiberg. Im Außengelände des historischen Kleinods haben zwei Großstufen ihren Platz gefunden: Ein mit Rauchquarzkristallen besetzter Quarzblock und eine Großstufe vom Topasfelsen am Schneckenstein.

AUSSTELLUNGSRAUM FÜR MINERALIEN AUS DEM FREIBERGER REVIER

Im Erdgeschoss des Krügerhauses lernen die Besucher vor allem sächsische Minerale kennen. Sie stammen überwiegend aus dem Erzgebirge und dem Vogtland. In den anderen Räumen werden weitere Spitzenexponate vorgestellt, die aus ganz Deutschland kommen. Das Spektrum reicht vom Rheinischen Schiefergebirge und dem Harz im nördlichen Teil über Lagerstätten Süddeutschlands mit Funden aus dem Schwarzwald oder der Oberpfalz bis zu den Alpen mit seinem Vorland im Süden. In einem besonderen Raum, einer kleinen Schatzkammer, funkeln Edel- und Schmucksteine aus Deutschland.

HALBRUNDE PRÄSENTATIONSVITRINE FÜR DIE KRISTALLMODELLE

Eine weltweit sicher einmalige Kollektion – 743 Kristallmodelle aus Birnenholz – präsentiert das Krügerhaus in einer klar strukturierten Vitrinen-Komposition. Diese komplette Suite von Kristallformen fertigte die Firma Krantz aus Bonn nach Entwürfen von Prof. Paul Groth an. Die einzigartige Sammlung der Modelle in der „Mineralogischen Sammlung Deutschland" am Schlossplatz diente dem Studium der Kristallformen. Kristallmodelle sind bis heute für Studenten der Geowissenschaften ein unverzichtbares Lehrmittel. Sie bringen dem Betrachter die Natur nahe und gestatten ihnen einen Blick in die Entwicklungsgeschichte der Kristallographie.

BLICK IN DIE KIRCHGASSE ZUM DOM

Die Burgstraße im Rücken schauen wir in die Kirchgasse in Richtung Dom. Auf der linken Seite stehen kleinere Bürgerhäuser. Daran schließt sich der lang gezogene Baukörper des Oberbergamtes an. Das Haus besteht aus zwei Gebäuden. Der näher zum Dom befindliche Teil wurde 1530 durch den Abt des Klosters Altzelle als Freihof errichtet.

Mit seinen spätgotischen Portalen, Gewölben, Konsolen, Fenstersäulen und weiteren Ausstattungen ist er eines der bedeutendsten Profanbauwerke der Stadt. Im 17. Jahrhundert besaß die Familie von Schönlebe dieses Anwesen. Sie verkaufte es 1679 an den Kurfürsten Johann Georg II., der dort das Sächsische Oberbergamt einrichtete. Der linke Teil des Gebäudes stammt aus der Renaissance. Er wurde später auch Teil des Oberbergamtes. Ursprünglich zweigeschossig, erhöhte man ihn 1853 um ein Geschoss.

Seit 1990 befindet sich das Sächsische Oberbergamt wieder in seinen angestammten Mauern in Freiberg, nachdem die Oberste Bergbehörde der DDR in Leipzig ihren Sitz hatte. Auf der rechten Seite schließt sich an die Bürgerhäuser direkt vor dem Dom die spätgotische Annenkapelle an.

Oberberghauptmann

Foyer des Oberbergamtes

Blick vom Dom in die Kirchgasse

Vom Domvorplatz blicken wir in die Kirchgasse Richtung Schlossplatz. Rechts steht eines der um 1500 errichteten spätgotischen Domherrenhäuser. Kennzeichnend für diese Bauzeit sind die Vorhangbogenfenster. Das Renaissanceportal stammt von der Hofseite des Hauses Untermarkt 7. Es wurde 1989/90 im Zuge der Umgestaltung des Untergeschosses eingebaut. In dem Gebäude befinden sich die Domführung, Räume der Domgemeinde und Wohnungen. Das Bild bestimmende Gebäude Kirchgasse 15, der sogenannte Schönbergsche Hof (eine frühbarocke Vierflügelanlage) ließ um 1680 der Oberberghauptmann Abraham von Schönberg errichten. Es ist eines der wenigen noch in der Altstadt vorhandenen ehemaligen Adelssitze. In dem Gebäude wohnte Friedrich Wilhelm Heinrich von Trebra, den Johann Wolfgang von Goethe hier 1810 besuchte. Darauf weist eine Tafel über dem Frühbarockportal hin. Seit dem späten 19. Jahrhundert nutzte man das Gebäude für gewerbliche Zwecke, so bis 1990 durch einem Teilbetrieb für Lederwaren des VEB Nikator Freiberg. Heute befinden sich im Gebäudekomplex Studentenappartements, ein Buchladen, und eine Gaststätte. Links ist der Baukörper der Annenkapelle zu sehen, die mit dem Kreuzgang verbunden ist und von der Domgemeinde als Winterkirche genutzt wird.

Orgel Annenkapelle

Grabplatten im Kreuzgang

BLICK IN DEN HOFBEREICH DES OBERBERGAMTES

Der rechte Bildteil gewährt einen Einblick in den Hofbereich des Oberbergamtes an der Brennhausgasse. Links dominiert das weinrote spätgotische Gebäude Brennhausgasse 8. Hier befand sich das 1876 von Professor Adolf Ledebur eingerichtete Laboratorium für Eisenhüttenkunde. Ledebur gründete diesen selbständigen Ausbildungs- und Wissenschaftsbereich an der Bergakademie.

Der Hof des Oberbergamtes wird geprägt vom ehemaligen spätgotischen Freihof mit dem barocken Treppenhausanbau. Links davon befindet sich ein renaissancezeitliches Nebengebäude. Der rechte hohe Gebäudeteil wurde an Stelle eines älteren Vorgängerbaus 1900/02 neu errichtet. Der Hof wird durch einen Grubenhunt und einen bei der Hofsanierung rekonstruierten Brunnen belebt, der offenbar mit dem mittelalterlichen Anzuchtsystem (Entwässerungssystem) in Verbindung stand.

Im Hof des Oberbergamtes

Blick aus der Domgasse zum Kreuzgang und Dom

Aus der Domgasse blicken wir auf ein repräsentatives Eckgebäude von 1885/86 mit reichen historischen Zierelementen. Der erhaltene Schriftzug, der auf eine Feilenhauerei und Spirituosenhandlung hinweist, verstärkt das Fluidum des Altstadtbereiches. Gut zu erkennen sind auch ein Turm und das hohe Dach des Doms sowie der davor befindliche spätmittelalterliche Kreuzgang. Durch das später eingefügte Spätrenaissanceportal mit dem Schönlebischen Wappen gelangte man in die Schönlebische Kapelle, die sich seit 2014 im sanierten Zustand präsentiert. Die beiden neben dem Portal sichtbaren Fenster wurden Ende des 19. Jahrhunderts eingebaut. Links zieht auch die moderne Gebäudefront des 2005/2006 errichteten Eck-Neubaues den Blick an – ein gelungener Kontrast zur Altstadtbebauung.

Am Kreuzgangportal

Wappentafel mit Jahreszahl am Kreuzgang

Eckgebäude Domgasse/Moritzstrasse

Im Zentrum des Bildes steht das Eckgebäude Domgasse/Moritzstraße. Das Haus entstand 2005/2006 auf der Fläche der 1977 abgebrochenen Vorgängerbauten Domgasse 5 und Moritzstraße 16. Damit wurde nicht nur eine Baulücke geschlossen, sondern auch ein städtebaulicher Missstand beseitigt. Das Gebäude mit seiner modernen Formgebung schafft einen interessanten Kontrast zur Bebauung der Altstadt. Rechts in der Moritzstraße schließt sich ein Wohnhaus an, das durch seine neogotische Fassadenzier unter Verwendung von rötlichem Porphyrtuff auffällt. In der Domgasse folgen auf den Neubau zwei Renaissancegebäude und ein weiteres neues Haus. Auf der linken Straßenseite stehen dreigeschossige Bürgerhäuser aus der zweiten Hälfte des 19. Jahrhunderts.

MORITZSTRASSE 14

ERINNERUNG AN FRÜHERE GEWERBE

BLICK AUS DER HERDERSTRASSE ZUM DOM

Aus der Herderstraße schaut man auf den Domgiebel und den Domchor. Blickfang sind der Dachreiter des Domes und der Obelisk auf dem Chordach, der als Wetterfahne das geteilte Wappen (Schild mit Raute und kursächsische Schwerter) trägt sowie die eindrucksvollen Fenstergestaltungen des Chores. Im Chor befindet sich die kurfürstliche Begräbniskapelle der protestantischen albertinischen Wettiner. Links ziehen das aus der Frührenaissance stammende Rundbogenportal und die mit Rosetten verzierten Fenstergewände den Blick auf sich. Das Haus Herderstraße 3 wurde 1548 errichtet. Die neuere Bebauung im historischen Stil unter Einbeziehung älterer Gebäude stammt vom Ende des 19. Jahrhunderts. Typisch für die Zeit des Baus oder Umbaus sind auch die mit gusseisernen Pfeilern gestalteten Ladenfronten bei den linksseitigen Gebäuden.

BLICK AUS DER HERDERSTRASSE RICHTUNG HEUBNERSTRASSE

Dieser Teil der Herderstraße wird vor allem durch das linksseitige sogenannte Herderhaus geprägt. Das Haus stammt aus dem frühen 17. Jahrhundert und wurde wahrscheinlich vom Bürgermeister und kurfürstlichen Zehnter Hans Prager gebaut. In ihm wohnte der bedeutende Oberberghauptmann Siegmund August Wolfgang Freiherr von Herder. 1847/48 wurde der Bau um ein Geschoss im Zusammenhang mit der neuen Nutzung als Knabenbürgerschule erhöht. Aus dieser Umbauzeit stammt auch das Portal mit den als Hermen dargestellten Bergleuten.

Rechts beeindruckt das auch auf dem linken Bild sichtbare Rundbogenportal. Typisch für die Freiberger Altstadt sind auch das Natursteinpflaster und die mit Granitplatten befestigten Bürgersteige.

THIELESTRASSE/HEUBNERSTRASSE

Von der Burgstraße geht in Richtung Heubnerstraße die Thielestraße ab. Die Bebauung in der Thiele- und in der Heubnerstraße wird durch historische Bürgerhäuser aus der Spätgotik und Renaissance geprägt.

Das erst vor kurzem sanierte spätgotische Haus Thielestraße 5 wurde in der Renaissance umgebaut, worauf heute noch die an der Straßenfassade vorhandenen profilierten Fenstergewände hinweisen. Bemerkenswert ist ebenso die zwischen erstem und zweitem Obergeschoss angebrachte barocke Sonnenuhr und die interessante Ladenarchitektur. Stadtgeschichtliche Bedeutung besitzen zwei weitere ebenfalls aus der Renaissance stammende Bauwerke.

Das ehemalige Wohnhaus Heubnerstraße 15, heute als Stadthaus II bezeichnet, wird seit 1623 als Verwaltungsgebäude genutzt. Zuerst diente es als Amtshaus der wettinischen Fürsten bzw. des sächsischen Staates und später als Stadthaus II der Stadtverwaltung Freiberg. In den 20er Jahren des 20. Jahrhunderts befand sich darin eine Baufachschule.

Während der bürgerlich-demokratischen Revolution 1848/49 tagten hier in den Amtsräumen von Otto Leonhard Heubner, Kreisamtsmann und Mitglied der Provisorischen Regierung, kurzzeitig die aus Dresden geflüchteten Revolutionäre. Das auf das Stadthaus folgende Eckgebäude ist das bereits erwähnte Herderhaus.

Ladengestaltung und Sonnenuhr

Stadthaus II

KREUZGASSE

Das Bild vereint Blicke in die Kreuzgasse und die Färbergasse. Das rechtsseitige lang gestreckte helle Haus in der Kreuzgasse ließ 1793 der Kaufmann und Tuchmacher Christian August Roch als Tuchfabrik errichten. Dort kam ab 1821 die erste Dampfmaschine außerhalb des Bergbaus in Freiberg zum Einsatz. Ab 1830 wurde das Gebäude als katholische Kirche genutzt. Heute befinden sich in ihm nach umfangreicher denkmalgerechter Sanierung Wohnungen. Der am Ende der Häuserreihe erkennbare Stufengiebel gehört zum sogenannten Dunkelhof, dem Geburts- und Wohnhaus des

Professors und Zeichenmeisters der Bergakademie Johann Eduard Heuchler. Heuchler gab um 1840 dem giebelständigen Haus sein heutiges Aussehen im Stil des romantischen Historismus (Neogotik). Links angeschnitten ist die im späten 19. Jahrhundert gebaute Turnhalle. Sie gehörte ursprünglich zur Knabenbürgerschule, die sich in dem schon an anderer Stelle genannten Herderhaus befand. In der Färbergasse schaut man in der Mitte ihres Verlaufes auf die ehemalige Färberei Jahn, in der sich heute eine Einrichtung für betreutes Wohnen befindet.

BLICK AUS DER KREUZGASSE ZUM DOM

Aus der Kreuzgasse heraus schaut man in der Bildmitte auf den südlichen Westturm (Glockenturm) des Doms. Davor ist ein Teil des Kreuzgangs zu sehen, der 2014 in Anlehnung an seinen ursprünglichen Grundriss einen zum Hauptverlauf rechtwinkligen Anbau in Richtung Schutzbau der Goldenen Pforte erhielt. In diesen Anbau erneut eingefügt ist ein markantes spätgotisches Portal (im Bild nicht sichtbar). Der mächtige im Jugendstil erbaute Schutzbau der Goldenen Pforte wurde 1902/03 von Rudolf Schilling und Julius Gröbner errichtet. Die Goldene Pforte bildete ursprünglich den Haupteingang des Doms an seiner Westseite und ist das bedeutendste spätromanische Portal Mitteldeutschlands. Am rechten Bildrand ist ein Teil des spätgotischen sogenannten Dunkelhofs (Gaststätte „Kreuzgasse 7“) erkennbar. Die Bürgerhäuser auf der linken Seite wurden 1906/07 im Stil des Historismus errichtet. In der Verlängerung der Kreuzgasse befindet sich der Lutherbrunnen. Der Jugendstilschutzbau für die „Goldene Pforte“ trägt einen reichen Schmuck an bildhauerischen Arbeiten.

Eckskulptur

Lutherbrunnen

Stadttheater/Buttermarkt

Das Freiberger Theater ist das älteste durchweg bespielte Stadttheater Deutschlands. 1791 in einem Bürgerhaus der Renaissance eingerichtet, wurde es später mehrfach erweitert und umgebaut. Sein jetziges Aussehen erhielt es 1951/52.

Seit den letzten umfassenden Sanierungs- und Neubaumaßnahmen, die von 1983 bis 1991 andauerten, gehört das gesamte Quartier zwischen Buttermarkt, Enge Gasse, Borngasse und Weingasse zum Spielort. Hier befinden sich Proberäume, Werkstätten und eine Studiobühne. Heute bildet das Theater mit den Spielstätten im Theater Döbeln und der Seebühne Kriebstein das Mittelsächsische Theater.

Am rechten Bildrand erkennt man einen Teil des Westturms der Nikolaikirche mit wieder freigelegtem Rundbogenfries. Der Baubeginn der ersten romanischen Kirche an diesem Standort liegt in den Jahren 1175/80, also im Zeitraum der Stadtentstehung. Die Nikolaikirche ist nun Veranstaltungsort und Spielstätte der zum Theater gehörenden Mittelsächsischen Philharmonie.

Im Bild links angeschnitten befindet sich der Neubau des Wohn- und Geschäftshauses Aschegasse 1. Früher gab es für die drei Gebäude Nikolaikirche, das damals in der Aschegasse 1 befindliche Restaurant „Zur Hölle“ und das Theater die volkstümliche Bezeichnung „Himmel, Hölle, Teufelskapelle“. Der Platz wird als Buttermarkt bezeichnet, weil dort seit der Mitte des 16. Jahrhunderts regelmäßig ein Markt für Lebensmittel abgehalten wurde. Ursprünglich gehörte dieses Areal zum Kirchhof der Nikolaikirche.

NIKOLAIKIRCHE

UNTERMARKT

Der Untermarkt ist der älteste Austauschplatz der Stadt Freiberg. Er entstand im Zuge der Stadtwerdung am Ende des 12. Jahrhunderts. Durch seine vorwiegend spätgotische und renaissancezeitliche Bebauung gehört er zu den architektonisch und städtebaulich bedeutendsten Marktplätzen Deutschlands.

Die den Platz dominierenden Gebäude sind der Freiberger Dom und das heutige Stadt- und Bergbaumuseum, ein ehemaliger Domherrenhof. Im Chor des Doms befindet sich die Wettinische Grablege. Sie ist neben der Goldenen Pforte das herausragende Kunstwerk und Kulturdenkmal Freibergs von internationalem Rang. Hervorzuheben sind noch die beiden spätgotischen Schmuckgiebel am Dom und am heutigen Museum. An das Museum schließen sich zwei spätgotische ehemalige Domherrenhäuser an, in denen sich die Superintendentur befindet.

Im nebenstehenden Renaissance-Eckhaus wohnte von 1808 bis 1810 der Dichter Theodor Körner. Er war in dieser Zeit Student an der Bergakademie Freiberg.

Nach der späteren noch im 12. Jahrhundert erfolgten Anlage des Obermarktes diente der Untermarkt in erster Linie für den Kleinhandel (Geschirr, Lebensmittel etc.). Durch das nahe gelegene Meißner Tor führte der Handelsweg durch die Meißner Gasse zum Sitz der Markgrafschaft nach Meißen.

BLICK ZUR OSTSEITE DES UNTERMARKTES

Blick zum Unterhof

Bestimmend für dieses Bild ist das hinten rechts stehende gelbe Gebäude, der Unterhof. Es ist ein ehemaliger Freihof, der um 1525 im spätgotischen Baustil errichtet und in der 2. Hälfte des 17. Jahrhunderts im Frühbarockstil umgebaut wurde. Davon zeugen Portale und Decken im Innern sowie profilierte Fenstergewände mit Viertelstäben an der Fassade.

Das Bauwerk erlebte in den Jahrhunderten viele Nutzungen, beispielsweise als Gerichtsgebäude eines königlichen Amtsbezirks oder seit 1880 als Armenversorghaus der Stadt Freiberg. Und es folgten weitere städtische Verwendungen, z. B. als Kindereinrichtung. Die rechte Bürgerhausreihe Untermarkt 5 bis 7 wurde nach der Reformation (1537) auf ehemaligem Besitz des Franziskanerklosters im Stil der Renaissance gebaut.

Die beiden Häuser Nr. 5 und 6 sind Ende des 17. Jahrhunderts ebenfalls im Stil des Frühbarock umgestaltet worden. Am linken Bildrand befindet sich unterhalb des Baumes die Seitenfront des Mineralogischen Institutes der TU Bergakademie Freiberg.

UNTERMARKT 7

PORTAL UNTERMARKT 5

HORNSTRASSE

Die Bebauung der Hornstraße von der Mitte bis zum Ende des 19. Jahrhunderts folgt dem Verlauf der ehemaligen Stadtmauer. Historistische Fassadengestaltungen prägen die Bauwerke, wobei einzelne durch reichen Zierrat auffallen. Das Haus Nr. 11 vorn gehört zu den aufwändigsten Historismusbauten der Stadt.

Das sichtbare Grün ist ein Teil der Promenadengestaltung, die seit dem 18. Jahrhundert im Bereich des ehemaligen Stadtgrabens und Zwingers angelegt worden war. In der Baumlücke am rechten Bildrand lugt der obere Teil des Turmes der Jakobikirche hervor. Blickfang im zweiten Bild ist der in der Mitte des 15. Jahrhunderts errichtete Donatsturm, der einzige runde der fünf Tortürme. Noch heute sind die Abbruchkanten des einstigen Tores und des vorgelagerten Rondells sichtbar. Nach Aufgabe seiner Verteidigungsfunktion diente der Turm in der Mitte des 19. Jahrhunderts einige Jahre als Getreidespeicher.

HORNSTRASSE MIT DONATSTURM

Donatstor und Donatsgasse

Seit 1922 steht der Torbogen hier und symbolisiert, dass sich einst an dieser Stelle das Donatstor, einer von fünf Zugängen zur befestigten Stadt befand.

HAUSTAFEL

Der Betrachter blickt durch den Bogen in die abwärts führende Donatsgasse in Richtung Stadtzentrum. Zeitlose, sinnvolle Sprüche am Torbogen sind Begleiter auf dem Weg in die Altstadt. Rechts im Bild ist das Mauerwerk des Donatsturms mit der Abbruchkante der Stadtmauer sichtbar. Im Hintergrund sind zwei der drei Türme der Petrikirche und im Vordergrund das Hotel „Blaue Blume“ zu erkennen, das mit seinem Namen an Novalis, den Dichter der Romantik und Studenten der Bergakademie erinnert.

DONATSGASSE UND ASCHEPLATZ

Diese Straßen und Gassen gehören zu den ältesten Teilen der Altstadt, die mit dem Silberfund um 1168 und der Bezeichnung „Sächsstadt“ verbunden sind. Entlang der links verlaufenden Wasserturmstraße streicht der Hauptstollngang, eine geologische Struktur, die für die Silbererzführung von großer Bedeutung war. An der unweit gelegenen Berggasse vermutet man den ersten Silberfund. Der Name „Sächsstadt“ für diesen Stadtbereich lässt sich von der frühen Besiedlung durch Harzer Bergleute ableiten (Berggeschrei). Auf dem Bild überquert die Donatsgasse den unter die Straße verlegten Münzbach, um zur Kesselgasse und Aschegasse zu führen. Die Wasserturmstraße erhielt ihren heutigen Namen nach dem im Bereich des Helmertplatzes bis 1873 befindlichen oberen Wasserrechenturm der Stadtbefestigung. Nur der abgebildete Teil der die Altstadt querenden Wasserturmstraße zeigt eine spätmittelalterliche Bebauung, von der Nr. 9 mit einem Spitzbogenportal (um 1510) hervorzuheben ist.

WASSERTURMSTR. 9

Ebenfalls spätmittelalterlich bebaut ist rechts die zum Donatsturm führende Donatsgasse, von der besonders die Häuser Nr. 8 und Nr. 22 baugeschichtlich bedeutungsvoll sind. Im Schippanschen Stadtplan von 1837 steht für die Donatsgasse noch der Name „Am Steinbruch". Die Gebäudegruppe in der Bildmitte erhielt um 1910 ihre Gestaltung als Bierniederlage.

KARTOFFELHAUS AN DER BERGGASSE

PFARRGASSE MIT BLICK IN DIE JAKOBIGASSE

Wir befinden uns auf der Pfarrgasse im Bereich der Jakobi- und Terrassengasse. In der Bildmitte erinnert der Namen der ehemaligen Gaststätte an das Nonnenkloster der Maria-Magdalenerinnen, das sich ebenso wie die 1890 abgebrochene Jakobikirche in diesem frühen Siedlungsbereich ganz in der Nähe befand. Nach dem legendären Silberfund 1168 entwickelte sich am Rande der Flur des bereits vorhandenen Christiansdorf eine Bergleutesiedlung, die den Beginn der Stadtentwicklung markiert. Das Haus Pfarrgasse 37 neben der Klosterschänke, erbaut zwischen 1240 und 1250, war ursprünglich zweigeschossig. Es ist das älteste datierte Wohnhaus Freibergs und eines der ältesten Steinhäuser Sachsens überhaupt. Die Pfarrgasse 33 links am Bildrand entstand um 1540/50 und diente von 1640 bis 1798 als Lazarett für Arme mit ansteckenden Krankheiten. Anschließend richtete man in diesem Gebäude das Schlachthaus der Oberbobritzscher Fleischer ein. Seit 1833 ist es wieder Wohnhaus.

Pfarrhaus der alten Jakobikirche

Lomonossowplatz

Aus der Jakobigasse schauen wir zum heutigen Lomonossowplatz. Ihn begrenzen die Wasserturmstraße, die Nikolaigasse und die Färbergasse. Auf dem Platz steht zu Ehren des russischen Universalgelehrten Michael Wassiljewitsch Lomonossow ein modernes Denkmal mit seiner Büste. Es erinnert an seinen Aufenthalt 1739/1740 in Freiberg. Neben dem links angeschnittenen Haus Nikolaigasse 8 führt dieser schmale Straßenzug bergan zur Nikolaikirche, deren mächtige spätgotische Halle und das Dach des südlichen romanischen Turmes zu erkennen sind. Prägend für die früher hier ansässigen Gewerbe in der Nähe des Münzbaches bzw. Mühlgrabens ist die einstige Färberei Jahn. Dieses im Bild hinten rechts durch die gerundete Ecke auffallende Gebäude wurde im 18. Jahrhundert im Stil des Barock errichtet. In ihm befindet sich heute eine Einrichtung für betreutes Wohnen.

Blick von der Pfarrgasse zur Talstrasse

Vom unteren Bereich der Pfarrgasse blicken wir in Richtung Domviertel. Am rechten Bildrand befindet sich der Giebel der zum Geschwister-Scholl-Gymnasium gehörenden Dürerschule. Bis 1890 stand hier die alte Jakobikirche, die als neogotisches Gotteshaus am Donatsfriedhof ihren neuen Standort erhielt. Die alte Kirche entstand im frühen Besiedlungsschub, der nach dem ersten Silberfund einsetzte. In der Bildmitte stehen drei in den letzten Jahren sanierte Wohngebäude, die 1938 der damalige Stadtbaudirektor Salzmann errichten ließ. Sie verkörpern eine bodenständige, dem Heimatstil nahestehende Bauweise, die typisch für die 1930er Jahre ist. Markant ist der runde Erker an der Ecke des Hauses Talstraße 9. Über den Dachfirst des Hauses Nr. 5 ragt die Spitze des Dachreiters des Freiberger Doms.

AM BEBELPLATZ

Links im Bild geht der Blick zum Eckhaus Petersstraße 48, der ehemaligen Amtshauptmannschaft. Es schließt sich ein Teil der Freiberger Promenade mit dem Kriegerdenkmal für die im 1. Weltkrieg Gefallenen des Jägerbataillons 26 an. Auf dem Denkmal fehlen zwei Plastiken von sterbenden Soldaten, die in der Zeit des Nationalsozialismus entfernt und offensichtlich zerstört wurden. Über dem Denkmal bildet sich der Hahnenturm der Petrikirche ab.

BEBELPLATZ, EINMÜNDUNG ANNABERGER STRASSE

Am Standort des heutigen Einkaufsmarktes befand sich das Freiberger Brauhaus, das heute an der Leipziger Straße am Stadtrand liegt und ein bekanntes und erfolgreiches Unternehmen ist. An den Einkaufsmarkt schließen sich das auf dem obigen Foto abgebildete ehemalige Verwaltungsgebäude der Brauerei und die in die Bebelplatzkreuzung einmündende Annaberger Straße an. Hier kreuzen sich die Bundesstraßen 101 und 173.

GASTSTÄTTE UND HOTEL „BRAUHOF“

Hell leuchtet die Fassade von Gaststätte und Hotel „Brauhof“ an der von der Schillerstraße abzweigenden Körnerstraße. 1849 begann an dem erweiterten Standort der Bau des neuen Brauhauses. Am 11. August 1850 eröffnete das Schanklokal der Brauerei. Der Betreiber des „Kommunbrauhofes zu Freiberg“ war eine Braugenossenschaft, die Interessenvereinigung derjenigen Bürger, die brauberechtigte Häuser besaßen.

Das Haus links neben dem „Brauhof“, um 1870 im Stil der Neorenaissance errichtet, beherbergte eine Handelsschule. Hinter den Bäumen auf der rechten Bildseite befinden sich der großzügige Biergarten und das im Historismusstil erbaute Saalgebäude mit sehenswerter Innenarchitektur.

INNENGESTALTUNG

GASTSTÄTTENEINGANG

Schillerstrasse, Kornhaus

In den Jahren 2011/12 wurde die Stadtmauer an der Schillerstraße rekonstruiert und mit einer Einfahrt für das dahinter neu erbaute Parkhaus versehen, dessen oberer Bereich im Bild erkennbar ist. Die Stadtmauer findet ihre Fortsetzung mit dem Kalkturm und dem gleichzeitig mit ihm errichteten Kornhaus. Der Turm diente seit den 1920er Jahren als Zugang zum dahinter befindlichen Stadtparkkino, dem beliebten ehemaligen großen Lichtspielhaus im Stadtzentrum. Das dominierende Bauwerk dieses Straßenabschnitts ist das spätgotische Kornhaus. Es entstand 1508/11 als städtischer Kornspeicher. Den mächtigen Baukörper zieren die beiden mit Blendnischen versehenen Giebel.

Von der Funktion des Kornhauses als Teil der Freiberger Stadtbefestigung zeugen noch heute die am Gebäude sichtbaren Schießscharten. Das Kornhaus gehört zu den bedeutendsten Profanbauwerken der Stadt. Es zählt durch seine fast vollständig erhaltene spätmittelalterliche Speicher- und Dachkonstruktion zu den wertvollsten Speicherbauten in Deutschland. Die Freiberger Bürger sind glücklich und stolz, dass im September 2015 die Stadtbücherei in das sanierte historische Bauwerk eingezogen ist.

In der Verlängerung des Verlaufes der Bundesstraße 173 erkennt man die schlanke Turmspitze der Jakobikirche.

Historische Balkenkonstruktion

Blick von der Postkreuzung zum Kornhaus

Am linken Bildrand steht ein stadtbildprägendes Gebäude – Platz der Oktoberopfer Nr. 2. Es wurde 1906 fertiggestellt und zeichnet sich durch seine aufwändige Gestaltung und reichen Fassadenschmuck aus. Besonders auffallend sind die vielen Erker des im Historismusstil errichteten Bauwerks.

Die Grünfläche gehört zur Ringpromenade der Stadt. Als eines der wichtigsten Profanbauten Freibergs gilt das in der Bildmitte sichtbare 1511 vollendete spätgotische Kornhaus. Es wurde in den vergangenen Jahren saniert und wird nun unter anderem für die Stadtbibliothek genutzt.

Gegenüber, an der Ecke zur Korngasse steht ein nach 1990 errichteter Bankneubau und davor mit gerundetem Eckbereich ein Ende der 1920er Jahre fertiggestelltes viergeschossiges Wohn- und Geschäftshaus.

Korngasse

Beim Blick in die Korngasse auf dem kleinen Bild fällt in dunklem Rot der Baukörper des ehemaligen Hotels „Roter Hirsch“ auf. Früher war an das Kornhaus ein Turm der Stadtbefestigung angebaut, der Roter-Hirsch-Turm hieß. Der sichtbare Straßenverlauf gehört zur Bundesstraße 173.

Eingangsbereich des Kornhauses

Ehemaliges Krankenkassenbad und Zetkinschule

Links im Foto ist die Giebelseite der ehemaligen Bade- und Lichtheilanstalt (Krankenkassenbad), die am 19. Mai 1928 in Betrieb genommen wurde, zu erkennen. Bauherr war die Allgemeine Ortskrankenkasse. Heute befinden sich in dem Gebäude mehrere medizinische Einrichtungen. Gegenüber steht das 1901/02 unter Leitung von Stadtbaurat Robert Börner im Baustil der Neorenaissance errichtete Schulgebäude. In ihm befand sich ehemals die Knabenbürgerschule, später die Rochlitzer- und Clara-Zetkin-Schule und heute die Clara-Zetkin-Mittelschule. Rechts die Gebäude stehen an der Körnerstraße. Haus Nr. 17, gebaut 1903 von Architekt Richard Göpfert, repräsentiert anschaulich den Jugendstil und Nr. 19, von Baumeister Theodor Martin ebenfalls 1903 errichtet, ist ein Historismusgebäude.

Figur über dem Eingangsbereich des ehemaligen Krankenkassenbades

BAHNHOF

Das Empfangsgebäude des Freiberger Bahnhofs entstand auf dem Gelände der alten Viehweide. Am 5. September 1860 wurde der Grundstein für dieses einst imposante Bauwerk gelegt. Notwendig geworden war es durch die seit 1859 im Bau befindliche Eisenbahnverbindung nach Tharandt, die 1862 eröffnet wurde. Sieben Jahre später führten die Bahngleise weiter bis nach Chemnitz, und es entstanden ebenfalls weitere Verbindungen: 1873 nach Nossen, 1874/76 nach Bienenmühle, 1890 nach Großhartmannsdorf/Langenau und nach Halsbrücke. Das im Stil der Tudorgotik errichtete Empfangsgebäude entwarf der Architekt Constantin Hille. Er schuf zusammen mit dem Landbaumeister Carl Moritz Haenel ein sehr repräsentatives Gebäude mit aufwändig verzierter Fassade, Dachreitern, Pilastern, Wappen, Uhr, Glockentürmchen und weiterer Ornamentik. Leider ist ein

Großteil dieses Zierrats bei Instandhaltungsmaßnahmen beseitigt worden. Vor allem bei den im Jahre 1962 durchgeführten Arbeiten sind große Teile des Fassadenschmuckes wie das Glockentürmchen, die Uhr, der Balkon und die Türmchen auf den Pilastern entfernt worden. Dadurch hat das Bahnhofsgebäude viel von seiner ursprünglichen Pracht eingebüßt. Im Rahmen der 800-Jahrfeier Freibergs 1986 erhielt das Gebäude einen neuen Farbanstrich, und das sächsische Wappen wurde erneuert. Nach 1990 gab es zwar im Inneren einige Instandsetzungsarbeiten, aber die grundlegende Sanierung des gesamten Bauwerkes steht bis heute aus. Das Empfangsgebäude des Freiberger Bahnhofes wurde wie so viele andere derartige Gebäude von der Deutschen Bahn an einen privaten Interessenten verkauft. Es bleibt also nur die Hoffnung auf eine neue Nutzung und eine damit verbundene denkmalgerechte Sanierung.

Hotel „Alekto“

BAHNHOFSTRASSE/FREIBERG-KOLLEG

Die Bahnhofstraße entstand – wie es der Name besagt – im Zusammenhang mit dem Bau der Eisenbahnverbindung und des Freiberger Bahnhofs. Die Straße nimmt einen alten Weg in der Vorstadt, den sogenannten Viehweg (oder Viehgasse), auf. 1861 wurde diese Gasse in Äußere Bahnhofstraße umbenannt. Im Jahre 1889 entfiel infolge der Umbenennung der Inneren Bahnhofstraße in Poststraße der Zusatz „Äußere". Ursprünglich standen hier nur kleine zweigeschossige Wohngebäude, oft mit einem Fachwerkobergeschoss. Nach und nach wurden diese einfachen Häuser im späten 19. und zu Beginn des 20. Jahrhunderts durch historistische Bauten ersetzt. Bei dem angloamerikanischen Bombenangriff am 7. Oktober 1944 wurden vor allem im Bahnhofsviertel, so auch in der Bahnhofstraße, zahlreiche Gebäude zerstört. Eine Tafel am unten erwähnten Schulzentrum weist darauf hin. Ein besonders auffälliges und städtebaulich sowie architektonisch bemerkenswertes Haus stellt die Bahnhofstraße 28a dar. Das erste Hochhaus in Freiberg war 1928/29 unter der Regie des Freiberger Stadtbaurates Georg Salzmann im Stil der klassischen Moderne errichtet worden. Mit einer Gesamthöhe von 22 Metern dominiert es das Bild der Bahnhofsvorstadt. Am rechten Bildrand ist das Berufliche Schulzentrum für Wirtschaft (heute Freiberg-Kolleg) angeschnitten. Hier stand zuvor die 1714 eröffnete Eusebienschule, an der vorwiegend Kinder aus Bergarbeiterfamilien unterrichtet wurden. Links sind in den 1990er Jahren Gebäude neu errichtet worden. Das zweite Bild zeigt den interessanten Eingangsbereich des heutigen Schulzentrums mit den zahlreichen Handwerkszeichen.

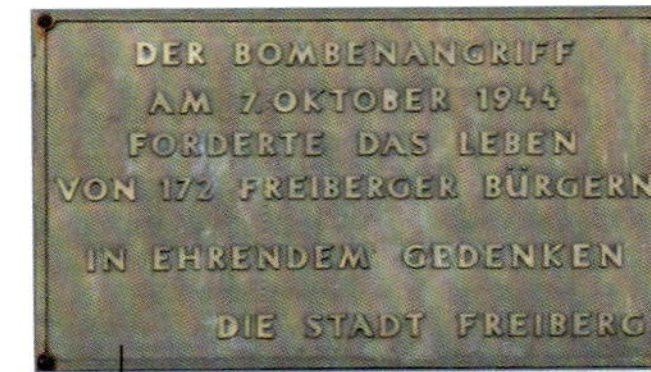

GEDENKTAFEL

EINGANGSBEREICH DES FREIBERG-KOLLEGS

Poststrasse

Wir schauen in Richtung Postkreuzung längs der Poststraße. Stadtauswärts führt sie zur Gabelung von Berthelsdorfer und Frauensteiner Straße. Bereits seit Anlage der Stadt im hohen Mittelalter gab es einen Pfad an dieser Stelle. Vom 17. bis in das 19. Jahrhundert hinein wurde dieser Weg als Bäckergasse bezeichnet, weil sich hier mehrere Bäcker niedergelassen hatten. Im Zusammenhang mit dem Bau der Eisenbahnlinie von Tharandt nach Freiberg erhielt die Gasse 1861 den Namen Innere Bahnhofstraße.

ERKER POSTSTR. 14

Mit der Eröffnung des Reichspostamtes 1889 erfolgte die Umbenennung in Poststraße. Ihr heutiges Aussehen, das von viergeschossigen Wohn- und Geschäftshäusern geprägt wird, erhielt die Straße im ausgehenden 19. und zu Beginn des 20. Jahrhunderts in den Baustilen des Historismus und des Jugendstils. Nahezu alle diese teils sehr reich geschmückten Gebäude wurden nach 1990 saniert.

Bemerkenswert ist aber auch das am linken Bildrand angeschnittene kleine, zweigeschossige Haus Poststraße 22. Es ist das letzte noch vorhandene Gebäude der älteren, aus der Zeit um 1800 stammenden Bebauung. Es ist typisch für den vorstädtischen Bereich Freibergs vor der Mitte des 19. Jahrhunderts. Das Haus zeichnet die ehemalige Bauflucht nach. Bei der Neubebauung der Poststraße um 1900 wurde die Straße verbreitert und eine neue Baulinie bis zu diesem Haus gebildet. Seit 2010 präsentiert sich die Poststraße saniert, neu gestaltet und verkehrsberuhigt.

POSTKREUZUNG

Der Blick geht zur Postkreuzung. Dieser Bereich entstand durch das hier bis 1843 befindliche Erbische Tor als repräsentativer Hauptzugang zur Altstadt. Je nach verkehrsmäßiger und städtebaulicher Bedeutung sowie abhängig von der historischen Situation änderte sich mehrfach der Name des Platzes, Rossplatz 1837, Vor dem Erbischen Tor 1883, Postplatz 1889, Bismarckplatz 1925 und zuletzt Platz der Oktoberopfer ab 1945. Architektonisch wird der Platz von dem repräsentativen Postgebäude (1888/89), aber auch von den Eckhäusern zur Erbischen Straße (1896) und zur Poststraße (1895/96, heute Hauptsitz der Sparkasse Mittelsachsen, durch einen Neubau von 1998 ergänzt) beherrscht. Der sichtbare Straßenverlauf ist die Bundesstraße 173, die Freiberg mit Dresden und Chemnitz verbindet. Gemäß seiner zentralen Lage wurde der rechts des Bildbereiches gelegene

Teil des Platzes mehrfach Standort politischer Denkmale. 1895 fand hier eines der frühesten deutschen Bismarckdenkmale seine Aufstellung. Der Zweite Weltkrieg führte zur Abnahme der Statue, die aber erst 1946 eingeschmolzen wurde. An seiner Stelle wurde im Oktober 1945 der Gedenkstein für die 20 Toten des Reichswehrüberfalls auf eine Demonstration am 27. Oktober 1923 aufgestellt. 1955 musste er einem Stalindenkmal weichen, das bereits 1961 wieder beseitigt wurde. Das Oktoberopfer-Mahnmal wurde damals vor das Kornhaus gesetzt, wo es heute noch steht. Seit 1998 erinnert an seinem ursprünglichen Platz ein Bruchsteinsockel mit einer Inschrifttafel an das frühere Bismarckdenkmal.

MAHNMAL

Blick von der Post zur Erbischen Strasse

Bis 1846 bildete hier das mächtige Erbische Tor (eines der fünf Tore der Stadtbefestigung) den Eingang zur Erbischen Straße, die heutige Hauptgeschäftsstraße. Dieser „Zugang“ zur Innenstadt wird von imposanten Gebäuden flankiert. In diesem Bereich befindet sich auch die auf dem kleinen Bild abgebildete Postmeilensäule. Das Haus Hornstraße 1 ist mit der für die Bergstadt charakteristischen Figurengruppe von Berg- und Hüttenmann geschmückt. Der Eckbereich des Hauses wird außerdem betont durch den Zwerchgiebel. Und das gesamte Gebäude zeichnet sich durch Ornamente und unterschiedliche Fenstergestaltungen aus, die dem Haus sein betrachtenswertes Aussehen geben. Gegenüber steht ein sachlicher Bau, der nunmehr als Bankgebäude dient. Er wurde Ende der 1920er Jahre an Stelle des ehemaligen Hotels de Saxe errichtet.

Von 1902 bis 1919 führte vom Bahnhof kommend hier die Straßenbahn in die Altstadt. An manchen Häusern sind noch die historischen Haken für die Oberleitung zu erkennen. Wer beim Stadtbummel genau hinsieht, entdeckt sicher einige Exemplare.

Postmeilensäule

Figurengruppe Berg- und Hüttenmann

HELMERTPLATZ

Die beiden Gebäude Hornstraße 7 und Helmertplatz 4 stehen im Mittelpunkt des Bildes. Das spätklassizistische Eckhaus Hornstraße 7 wurde 1854 errichtet. Man nannte es im Volksmund „Nacktfröschelhaus“, weil es ursprünglich im 3. Obergeschoss durch acht Kinderfiguren geschmückt war.

Das sich am Helmertplatz anschließende Wohnhaus entstand zu Beginn des 20. Jahrhunderts im Jugendstil. Das Eckgebäude Wasserturmstraße/Helmertplatz mit dem verglasten Eckerker ist ein Neubau aus der Zeit nach 1990. Hinter diesem Haus steht an dem ansteigenden Straßenverlauf die ehemalige Königlich Sächsische Schrotfabrik, die einen Schacht des Silberbergbaus für die Schrotherstellung nutzte. Unter dem Verlauf der Wasserturmstraße fließt der seit dem späten 19. Jahrhundert in Rohre verlegte Münzbach, der für Besiedlung und Stadtentstehung von großer Bedeutung war.

Im Bereich des Helmertplatzes befand sich der zur Stadtmauer gehörige Wasserrechenturm, der nach einer Sage der Ort war, an dem durch Verrat Eroberer in die Stadt eindrangen und Freiberg das einzige Mal einnahmen.

Die Bebauung der Hornstraße folgt bis zur Erbischen Straße und auch im Abschnitt zum Donatsturm dem ehemaligen Verlauf der Stadtmauer.

Ehem. Schrotfabrik

KRANKENHAUS

Das erste Krankenhaus an diesem Standort wurde 1861 errichtet und durch einen großzügigen Neubau 1928/29 von Stadtbaurat Salzmann ergänzt. Dieses Bauwerk war für die damalige Zeit richtungsweisend. Seine Gestaltung lehnt sich eng an den Bauhausstil an und entsprach in diesem Zeitraum den modernen medizinischen Anforderungen.

Gleichzeitig ist das Bauwerk das wohl bedeutendste Architekturzeugnis seiner Zeit in Freiberg. Bei der im November 2003 beendeten großzügigen Modernisierung bezog man die ursprünglichen „Salzmann-Bauten“ in sehr zweckmäßiger Weise ein. Einmalig in Deutschland ist die Klimatisierung

INNENBEREICH

des Hauses mit schadstoff-, staubfreier und konstant 10 Grad Celsius kühler Luft aus Grubenbauen des alten Freiberger Silberbergbaus. Die Klinik hat den Status eines Schwerpunktkrankenhauses.

Das obige Bild gestattet einen Blick auf die moderne und zweckmäßige Gestaltung des überdachten Innenraumes zwischen den Häusern. Dieser verbindet großzügig und bequem die Fachkliniken und medizinischen Dienstleistungseinrichtungen und bietet Raum für Kultur, Kantinenversorgung und Information.

ALBERTPARK/RUNDBRUNNEN

Der Rundbrunnen inmitten der Parkanlage Albertpark ist ein besonderes Schmuckstück in Form der Pflanz- und Wasserkunst. Pflanzenschmuck und Wasserspiel, Gehölze und Geländeproportionen werden meisterhaft vereint und verbinden als besonderes Erlebnismoment den weitläufigen Blick mit dem prachtvollen Endpunkt auf die „Göpfert'sche Villa". Eingebettet in die achsenbetonte Rauminszenierung bildet der Brunnen im Park den Kernbereich einer bereits vor über 120 Jahren architektonisch angelegten Parterreanlage. Das nach historischem Vorbild ornamental gestaltete Teppichbeet umrahmt mit jahreszeitlich wechselnden farbigen Pflanzmotiven, bogenförmigen Rasenflächen und sie säumenden Niedrighecken das Brunnenbecken.

Der sich anschließende Wegeeinband um das zentrale Ensemble bildet die Verbindung zwischen dem architektonisch geprägten runden Zentrum und der im Landschaftsstil angelegten Umgebung. Einige ältere Bäume, wie Stieleiche, kanadische Hemlock, Sawara-Scheinzypresse gedeihen bis heute und beeindrucken durch interessante unterschiedliche Wuchscharaktere. Das weithin sichtbare Fontänenspiel ist nicht nur eine Inszenierung für die Helligkeit. Auch am Abend schaffen die im Lichtdesign erstrahlenden Wasserbahnen zusammen mit den Brunnengeräuschen eine stimmungsvolle Atmosphäre.

Blick zum Amtsgericht

Über den Oberen Kreuzteich geht der Blick zum Amtsgerichtsgebäude. Der Bau des Freiberger Gerichtsgebäudes begann 1875, und zwei Jahre später fand die Einweihung statt. Vermutlich erfolgte diese Investition auch im Vorgriff auf die Neuformierung der Gerichtsorganisation in Sachsen im Zuge der Reichsjustizreform von 1879. Damals wurde Freiberg Sitz eines Landgerichts und zugleich eines Amtsgerichts. Das neue Justizgebäude verfügte über ein wesentlich höheres Platzangebot. Zugleich verlieh der repräsentative Bau der gewachsenen Bedeutung des Justizwesens sowie der Macht des Staates architektonisch Ausdruck. 1882 schuf man hinter dem Gerichtsgebäude zudem eine Justizvollzugsanstalt. Die breite Front des Justizgebäudes erstreckte sich parallel zur Gartenstraße, der heutigen Beethovenstraße. Charakteristisch ist der wuchtige Baukörper im

AMTSGERICHT, BEETHOVENSTRASSE

Stil der Gründerzeit. Das Gebäude besitzt zwei kurze Seitenflügel und einen zentralen Mittelbau, der die Treppenanlage aufnimmt. Straßenseitig betonen ein Mittelrisalit und zwei Eckrisalite die Fassade. Charakteristische Gestaltungselemente sind außerdem große Fenster, Pilaster sowie rustizierte Putzflächen. Neben den Büro- und anderen Diensträumen beherbergte das Justizgebäude zwei Verhandlungssäle. Im Jahr 1910 verband man den Südflügel mit dem Mittelbau und erweiterte den Nordflügel um den Schwurgerichtssaal, 2010/11 wurde die Fassade des Gerichtsgebäudes, in dem auch das Freiberger Polizeirevier seinen Sitz hat, saniert. Das Gebäude der Justizvollzugsanstalt wurde seit 1985 nicht mehr genutzt und 2006 abgerissen.

BLICK AUF DAS SCHWANENSCHLÖSSCHEN UND SCHLOSS FREUDENSTEIN

Nur wenige Jahre nach der Entdeckung silberhaltiger Erze auf Christiansdorfer Flur 1168 ließ der Meißner Markgraf Otto von Wettin, später der Reiche genannt, zum Schutz der Bergwerke eine Burg errichten. Sie diente auch als zeitweiliger Aufenthaltsort, als Sitz seines Vogtes und als Verwaltungsmittelpunkt des Distriktes Freiberg. Nach mehreren Um- und Neubauten entstand daraus das seit dem 16. Jahrhundert als Freudenstein bezeichnete Schloss. Dieses wurde aber schon reichlich 200 Jahre später nach einer längeren Periode des Leerstands und des Verfalls zu einem Magazin für das sächsische Militär und das Bergwesen umgestaltet. Westlich vor dem Schloss liegt der untere Kreuzteich, der auch Kreuzmühlenteich genannt worden ist. Die Freiberger Kreuzteiche wurden wahrscheinlich bereits mit der Errichtung der Freiberger Stadtbefestigung um 1200 angelegt, auch wenn sie erst 1331 erwähnt werden. Ihren Namen verdanken sie der einst vor dem Kreuztor gelegenen Kapelle zum Heiligen Kreuz. Die Teiche dienten nicht nur zur Verteidigung, sondern besaßen auch eine wirtschaftliche Bedeutung (Fischerei, Mühlennutzung, Wasserreservoir). Im Jahre 1896 eröffnete auf dem unteren Kreuzteich die Ausflugsgaststätte „Schwanenschlößchen". Durch mangelnde Bauunterhaltung musste das in der Freiberger Bevölkerung beliebte Gebäude 1973 abgerissen werden. Im Jahre 2000 wurde es durch private Initiative nach dem historischen Vorbild neu errichtet und ist heute wieder ein beliebter Treffpunkt der Freiberger Bürger und ihrer Gäste. Zwischen Schloss und Schwanenschlösschen steht am Gelehrtenweg das auf dem kleinen Foto abgebildete Humboldt-Denkmal.

Humboldt-Denkmal

Schwanenschlösschen in der Spätsommersonne

GESCHWISTER-SCHOLL-GYMNASIUM, HAUS „ALBERTINUM“

Im Zentrum der Aufnahme steht das Haus „Albertinum“ des Geschwister-Scholl-Gymnasiums. Es wurde 1873 bis 1875 als Neubau des städtischen Gymnasiums und damit als Nachfolgeeinrichtung der seit 1515 in Freiberg bestehenden Lateinschule errichtet. Das Gebäude ist ein breit gelagerter Baukörper im Stil des Neoklassizismus.

Bemerkenswert ist der hervorspringende Mittelteil mit dem repräsentativen Eingangsbereich. In diesem Gebäudeteil befinden sich die Aula und die aus dem Bücherbestand der Freiberger Klöster

Foyer

gebildete Möller-Bibliothek. Zu den berühmtesten Schülern des Gymnasiums gehört der Nobelpreisträger für Medizin 2000 Günther Blobel. Am linken Bildrand ist ein Teil eines ehemaligen Freihofes (Schönbergscher Hof) und der Giebel des 1898 errichteten Anbaus zum ehemaligen Silberbrennhaus (späteres Hütten-Laboratorium) zu sehen. In diesem Gebäudekomplex entdeckte Clemens Winkler 1886 das Element Germanium.

Auf dem obigen Foto ist das künstlerisch gestaltete Foyer des Gymnasiums abgebildet.

RÜLEIN-VON-CALW-SPORTHALLE

Die Sportanlage nordwestlich vor der Stadtmauer (zwischen unterem Kreuzteich und Schlüsselteich gelegen) befindet sich auf einem Gelände, auf dem früher ebenfalls ein Teich der Stadtbefestigung angelegt war. Auf dieser Fläche fand die Erzgebirgsausstellung 1912 statt. Das Areal wurde zu einer gepflegten modernen Sportanlage mit einem interessant gestalteten Tennisbereich. Sie trug die Bezeichnung „Akademische Kampfbahn“. In Verbindung mit der umfangreichen Sanierung des Geschwister-Scholl-Gymnasiums wurde die Sportanlage gleichfalls umgestaltet und die neu

RÜLEIN-VON-CALW-SPORTHALLE, INNENBEREICH

gebaute Turnhalle „Ulrich Rülein von Calw“ im Jahr 2005 für das Gymnasium fertiggestellt. Im Hintergrund sind Wohngebäude an der Ledeburstraße zu erkennen, und am rechten Bildrand führt ein von Studenten oft genutzter Weg über den Messeplatz zum Campus und zu Wohnheimen der TU Bergakademie.

Das Bild oben zeigt einen Blick in den Innenbereich der Sporthalle.

JOHANNISHOSPITAL

Bereits im hohen Mittelalter entstand das Hospital St. Johannis vor dem Peterstor als soziale Stiftung zur Beherbergung und Versorgung alter, schwacher und siecher Personen. Im Laufe der Zeit gruppierten sich darum mehrere zur Einrichtung gehörende Gebäude, darunter eine Kirche. 1909 nahm man direkt an der Chemnitzer Straße den Neubau eines großen, zweckmäßigen und zugleich repräsentativen Pfründnerhauses in Angriff. Die Investition war Ausdruck der gewachsenen Fürsorge im Deutschen Reich. Dafür mussten einige alte Nebengebäude des Hospitals allerdings weichen. Der Entwurf des Neubaus stammte vom Architekten Gustav Rieß, der zwischen 1908 und 1926 das Amt des Stadtbaurates in Freiberg inne hatte. Den Baukörper gestaltete er in Form eines H. Beide Flügel stehen mit dem zurückgesetzten, jedoch dominanten Mittelteil, der im Inneren die Treppenanlage aufnimmt, in Verbindung. Seinen Intentionen folgend kombinierte Rieß den sachlichen Baustil mit verschiedenen gestalterischen Elementen, wie Erker, Reliefs und Farbe. Das Gebäude konnte bis zu 100 bedürftige Personen beherbergen, besaß eine moderne Ausstattung und war von Grünanlagen umgeben. Nach dem Zweiten Weltkrieg nutzte die Wismut AG das Gebäude. Ab 1953 diente es der Bergakademie als Studentenwohnheim. 1977 ließ sich hier die Leitung des VEB Bergbau- und Hüttenkombinates „Albert Funk" nieder. Im Jahr 1993 ging das Haus in das Eigentum der Saxonia-Freiberg-Stiftung über. Seither stehen hier insbesondere der Historischen Freiberger Berg- und Hüttenknappschaft e.V. Räumlichkeiten zur Verfügung. Größter Mieter war bis Ende 2014 die Agentur für Arbeit.

Brunnen am Giebel

Torstensson-Linde und Johanniskirche

HOSPITALGUT

Vor der historischen Freiberger Altstadt liegt an der Lessingstraße ein Gebiet, das ursprünglich zum Johannishospital gehörte. In der Bildmitte befindet sich das letzte Gebäude des ehemaligen Hospitalgutes, das 1720/23 errichtet wurde. Es ist eines der wenigen noch in Freiberg vorhandenen Gutshäuser. Interessant sind unter anderem im Erdgeschoss Kreuzgewölbe, die zu früher hier vorhandenen Ställen gehörten. Heute wird das Haus als Mehrgenerationenhaus und für Bürozwecke genutzt. Auf der linken Seite schaut man auf die eindrucksvolle aus Gneisbruchsteinen bestehende

Begrenzungsmauer des alten Johannisfriedhofes, der 1757 angelegt und 1887 geschlossen wurde. Dafür richtete man den neuen Johannisfriedhof an der Chemnitzer Straße ein. Die Fläche des alten Friedhofes gehört seitdem zum Johannispark.

Rechts im Bild ist ein Teil des westlichen Flügels des 1909/11 neu errichteten Pfründnerhauses des Johannishospitals zu erkennen.

Ehem. Stallgewölbe

Fassade mit Eingängen

Ernst-Grube-Sporthalle

In den 1960er Jahren existierten in Freiberg mehrere kleine Sporthallen, wie z. B. die Glück-Auf- und die Jahn-Sporthalle sowie mehrere Schulsporthallen. In dieser Zeit entwickelten sich zunehmend Sportarten wie Hallenhandball, Volleyball u. a., für die in den Hallen nur der Trainingsbetrieb, jedoch kein Wettkampfsport möglich war. Davon betroffen waren besonders die Handballer der Hochschulsportgemeinschaft (HSG) Wissenschaft, die sehr erfolgreich waren. Sie errangen den Bezirksmeistertitel in der Saison 1962/63, und in einem denkwürdigen Spiel in Leipzig gelang ihnen der Aufstieg in die Oberliga, die höchste Spielklasse in der DDR. Die Freiberger Handball-Anhänger konnten jedoch in den folgenden Jahren ihre Mannschaft bei Heimspielen nicht unterstützen, da keine Halle mit den erforderlichen Abmaßen 40 x 20 Meter in der Stadt und näheren Umgebung vorhanden war. So musste die Mannschaft ihre „Heimspiele“ in Aue und sogar in Bad Blankenburg/Thüringen austragen. Ein unvergessenes Spiel war dabei der Sieg der Freiberger gegen den damaligen DDR-Meister Lok Süd-Ost Magdeburg in Aue, wo ein begeistertes Publikum unsere Mannschaft unterstützte.

In den folgenden Jahren spielte die HSG in der zweithöchsten Spielklasse, der DDR-Liga Staffel Süd und musste auch in dieser Zeit auf den Heimvorteil verzichten. Diese Belastungen wirkten sich zwangsweise auf die sportlichen Leistungen aus, und es kam 1971/72 zum Abstieg in die Bezirksliga. Doch gerade in dieser Zeit gab es neue Hoffnungen. Nach intensiven Bemühungen des damaligen Freiberger Bürgermeisters F. Ullmann, des Rektors der Bergakademie Prof. Rotter und des HSG-Vorsitzenden Prof. H. Uhlmann sowie mit finanzieller Unterstützung Freiberger Betriebe und der Bergakademie erfolgte 1972 der Spatenstich für den Bau einer Doppelturnhalle anstelle der ursprünglich geplanten zwei kleinen Schulsporthallen für die im Umfeld gebauten neuen Schulen.

FIGURENGRUPPE

Eine wichtige Rolle beim Bau spielte dabei auch ein im Institut für Eisenhüttenkunde der Bergakademie entwickelter korrosionsfreier Baustahl (KTS). Die typische dunkelbraune Farbe der Stahlträger ist noch heute kennzeichnend. Somit wurde der außerplanmäßige Bau auch der erste erfolgreiche Einsatzfall für den neuen Stahl. Noch nach über 40 Jahren Standzeit bewährt sich dieser Werkstoff. Im Dezember 1973 wurde die neue Sporthalle im Beisein von 800 Zuschauern eröffnet. Sie war die größte ihrer Art im Bezirk Karl-Marx-Stadt und gilt auch heute noch als eine der schönsten Sporthallen. Dazu trägt auch die vor dem Eingang stehende Bronzeskulptur „Ballspielende Mädchen“ des Freiberger Künstlers und Ehrenbürgers Gottfried Kohl bei. Inzwischen wurden nach 1990 in Freiberg neue Sporthallen gebaut und ältere rekonstruiert. Die Ernst-Grube-Halle ist aber nach wie vor Herzstück und Heimat für die Freiberger Handballer.

LANDRATSAMT

Mit dem Ende des Silberbergbaus 1913 in Freiberg stand ein großes Arbeitskräftepotential zur Verfügung, für das Beschäftigungsmöglichkeiten fehlten. Im Ergebnis der Bemühungen um Investitionen errichtete die Porzellanfabrik Hermsdorf-Kahla 1921/22 in Freiberg ein neues Porzellanwerk für elektrotechnische Keramik.

Von 1923 bis 1929 befand sich in dem Gebäude das seinerzeit leistungsfähigste Hochspannungsversuchsfeld Europas. Der imposante Bau ist gekennzeichnet durch Sachlichkeit und klare Linienführung. 1920 begann außerdem der Siedlungsbau für Betriebsangehörige als Reihenbebauung am Bertholdsweg. Mit Kriegsende 1945 besetzte die Rote Armee das Fabrikgebäude, um es anschließend der damaligen Landkreisverwaltung zu überlassen.

Seit der Verwaltungsreform 1952 in der DDR dient der Bau als Verwaltungsstandort für den Landkreis, bis 1990 für den damaligen Rat des Kreises, anschließend für das Landratsamt des Altkreises Freiberg und heute nach Zusammenschluss mehrerer Kreise für den Kreis Mittelsachsen.

Mit der Geschichte des Hauses ist auch das Schicksal von 1.000 jüdischen Häftlingsfrauen verbunden. Darauf macht eine Gedenktafel am Eingang des Gebäudes aufmerksam. Der sichtbare Straßenzug führt in das Erzgebirgsstädtchen Frauenstein, bekannt durch seine Burgruine und den berühmten Orgelbauer Gottfried Silbermann, der in Kleinbobritzsch (am Rande Frauensteins) geboren wurde.

VERBINDUNGSGANG

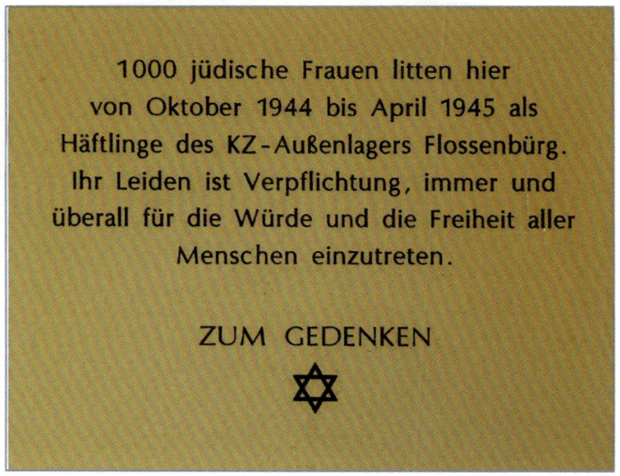

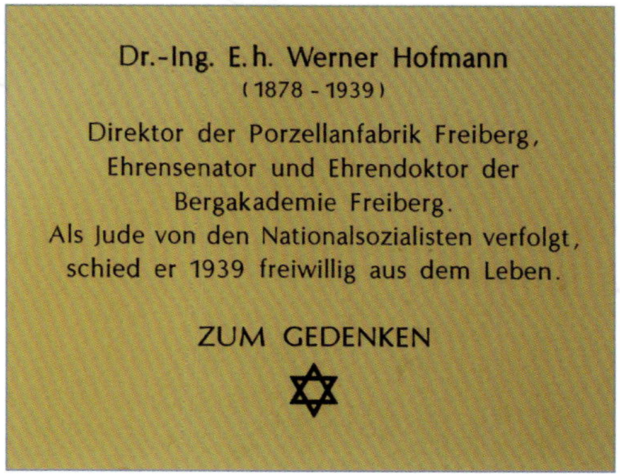

CHRISTMARKT

Freibergs Christmarkt auf dem Obermarkt gehört zur Vorweihnachtszeit und ist Jahr für Jahr ein beliebter Anziehungspunkt für Einwohner, Gäste und Touristen. Er bringt erzgebirgische Traditionen nahe, und besonders reizvoll ist seine Atmosphäre, wenn ein weißes Kleid ihn umgibt. Der beleuchtete Christbaum und die Pyramide sind Blickfang und Orientierungspunkte zugleich, und die Türme der Petrikirche grüßen zum stimmungsvollen Treiben herüber. Wer den Christmarkt in Richtung Unterstadt verlässt, wird vom Weihnachtsbaum vor dem Bürgerhaus verabschiedet.

IMPRESSUM

Idee und Textregie:	Joachim Link, Freiberg
Co-Autoren und Textberatung:	Christel-Maria Höppner, Freiberg Dr. Uwe Richter, Freiberg
Textbeiträge:	Dr. Heinrich Douffet, Jörg Schröder, Dr. Ulrich Thiel, Prof. Dr. Werner Tilch
Fotos:	Joachim Link, Freiberg Stefan Link, Freiberg (S. 9) TU Bergakademie, Crispin-Iven Mokry (S. 65, Rand) TU Bergakademie, Detlev Müller (S. 2 oben und 55, Rand)
Satz und Layout:	FOURNINE Mediadesign Am St.-Niclas-Schacht 13, 09599 Freiberg
Druck und Vertrieb:	Graphische Werkstätten Zittau GmbH An der Sporthalle 2, 02763 Zittau
1. Auflage:	November 2015

ISBN 978-3-946165-01-9